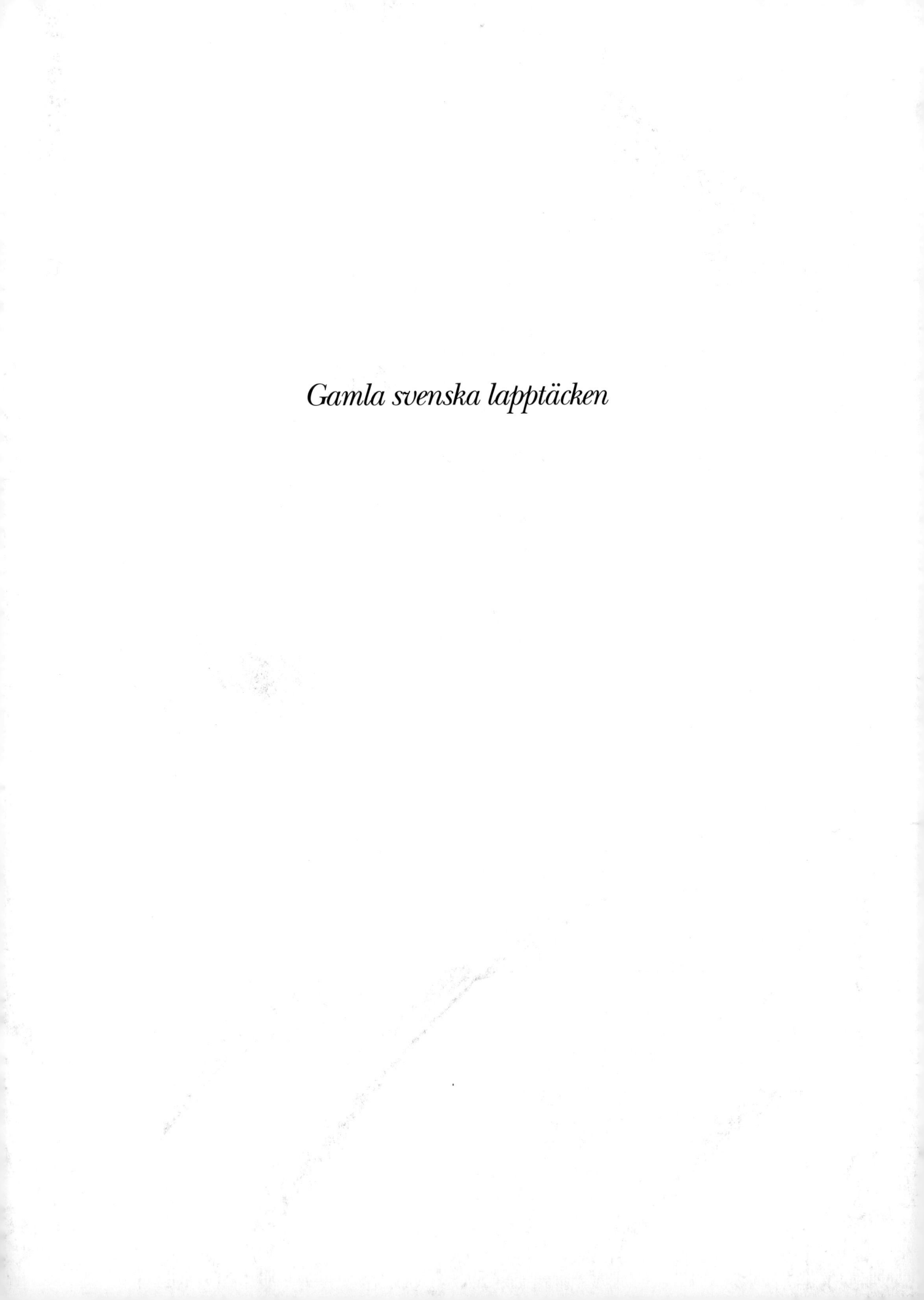

Gamla svenska lapptäcken

Gamla svenska lapptäcken

Åsa Wettre   foto Lena Nessle

Tidens förlag/Stockholm

Harriet Clayhills i Palettens kvinnonummer (nr 3/1975):
"(...) deras arbete har delats upp i stycken och stumpar. Det skapas fler vaggvisor än symfonier under sådana förhållanden."

© Idé, text och sammanställning: Åsa Wettre och Tidens förlag 1993.
© Artiklarna. Respektive artikelförfattare (Barbro Ager-Ländin, Lisbet Ahnoff, Anna Maria Claesson och Eva Hallström) 1993.
© Färgfotografierna: Lena Nessle.
(Utom i de fall där annan fotograf anges under bilden.)
För de svartvita bilderna anges bildkälla under bilden
utom i de fall där bilderna är i privat ägo.

Anna Maria Claessons artiklar har tidigare
varit publicerade enligt följande:
Skarvsömsdynor sidan 52–55 (tidningen Hemslöjden 1989/2).
En idog hand gör rik sidan 132–135 (Småländska kulturbilder 1989).
Fredriksdal sidan 136 (Jönköpings-Posten 19.11.1990).

Omslag och grafisk form: Lena Nessle.
Omslagsbilden är en detalj av Tygprovstäcket som visas i sin helhet på
sidan 122.

Repro: offset-kopio, Helsingfors.
Tryckning och bindning: New Interlitho, Milano 1993.

ISBN 91-550-3913-8

Innehåll

Förord *Åsa Wetttre* 6

Lapptäckshistorik *Åsa Wettre* 8

Hur man gjorde ett lapptäcke *Barbro Ager-Ländin* 22

Mönster *Åsa Wettre* 32

Brudtäcken i Roslagen *Barbro Ager-Ländin* 34

Män och lapptäcken *Åsa Wettre* 40

Lapptäcken i Sjuhäradsbygden *Eva Hallström* 44

Skarvsömsdynor *Anna Maria Claesson* 52

ÖDEN OCH MÄNNISKOR *Åsa Wettre* 57

Både täcke och bild *Lisbet Ahnoff* 162

Kring lapptäcken *Åsa Wettre* 170

Förteckning över museer som har visat utställningen 176

Förteckning över museer i Sverige som har lapptäcken 177

Ordlista 178

Litteraturlista 182

Julbonad signerad av Stéen 1937.

Älskade lapptäcken

De första lapptäcken jag minns är de på farmors julbonad. På den fanns 24 tomtar men också två lapptäcken. När min farmor dog vid 95 års ålder var det just denna jag helst ville ha som minne. Farmor hade den uppsatt varje jul över kökssoffan och vi barn levde oss in i den – vi skulle alltid säga vilken tomte vi skulle vilja vara. Jag "var" alltid tomten i klockan. Så mina farbröder kallar mig ibland fortfarande för "Åsa i klockan". Lapptäckenas mönster är timglas och stockhus, det vet jag nu, och visst bidrar de till trevnaden i stugvärmen.

Varför blir man galen i lapptäcken? Kanske för att man som barn älskade tyger. Jag föddes 1942 i Falun, Dalarna. Min mamma var duktig att sy och handarbeta liksom min mormor och mina mostrar. Min barndom var fylld av tyger – mammas linneskåp var så stort att man kunde gå in i det. Bland tygerna fanns alla påbörjade handarbeten och ofärdiga stickningar – det var några stycken.

Hemma läste vi Idun. Varje vecka när den kom samlade mamma oss barn för att vi skulle rösta om det vackraste handarbetet. Månadens ryamatta kommenterades också. Min barndoms högtidsstunder var när jag i början av 1950-talet fick följa med min mamma till Klingbergs tygaffär i Falun för att köpa tyg till min examensklänning. Vilken lycka att känna doften, att föra handen över tygpackarna på hyllorna i den avlånga affären med sitt dunkel längst in. Alla dessa fantastiska bomullstyger: randiga, rutiga, prickiga, blommiga. Mängden av mönster verkade oändlig. I min ungdom vävde jag trasmattor av mina gamla examensklänningar. Synd att man då inte sydde lapptäcken som i dag hade varit en provkarta på min barndoms alla kläder.

När vi åkte på utflykt blev det till de olika hemslöjdsföreningarnas butiker; Leksand och Rättvik låg högst på önskelistan. Jobsboden for vi ofta till och Carl Larssons Sundbornshem besökte vi varje sommar. Allt detta tillsammans med kyrkobesök och mycket fiolmusik.

Jag hade en duktig och ovanlig slöjdfröken på flickskolan. Det var lust att sy hon lärde ut och ständigt predikade hon: "Självverksamhet, flickor, det är A och O." Jag lärde mig väva och så en sommar var jag praktikant på Rättviks Hemslöjd.

I mitten av 1960-talet gick jag på Nyckelviksskolans textillinje och sedan på Konstindustriskolan i Göteborg. Så hamnade jag där och där blev jag kvar med man och barn. Som textilkonstnär har jag sedan dess arbetat med växtfärgning, gobelängvävning och tygtryck och på 1970-talet var jag med om att starta Konsthantverkshuset, där jag också hade ateljé och kurser i lappteknik och återbrukskläder.

En sommar hyrde min familj ett före detta Folkets Hus i Finnbacka nära Bingsjö. Vi fick höra talas om att

Klingbergs tygaffär i Falun.

ett av husen skulle säljas på auktion, och fick komma in och titta. På övre våningen var ett fönster förhängt med ett lapptäcke i stockhusmönster. Jag var färdig att köpa huset bara för att få lapptäcket.

I tolv år arbetade jag som kursledare i lappteknik vid Folkuniversitetet. 1987 startade jag föreningen "Lapphexorna" – namnet kommer av hexagon, sexhörning, och av att vi är förhäxade av lappar och lapptäcken.

På somrarna har jag målat på Tjörn där vi bor i ett gammalt torp. En gång åkte jag bil med vår snickare till Sibräcka soptipp för att lämna skräp. Där låg två gamla lapptäcken, lortiga och råttätna, men så vackra mot aftonhimlen. Snickaren vägrade att ta in dem i bilen, men jag glömmer aldrig den synen av dessa gamla täcken med sina oregelbundna rutor. Efter tolv år bestämde jag mig för att sluta med lapptäckeskurserna och bara måla i stället. Men först skulle jag göra en utställning om gamla lapptäcken som avslutning.

Under alla år har jag haft som hobby att fråga ut folk om de inte hade något gammalt lapptäcke. Det hade de ju inte, men när jag frågat en stund så sa de ibland att visst hade de något gammalt skräp på vinden. Men se det var ju inget att ha, bara lump (som visade sig vara ett lapptäcke). Samtidigt frågade jag ut ägarna intill näsvishet om lapptäckets tidigare öden. Det kom fram historier om kvinnorna som sytt dem, och deras liv överträffade ibland dikten. När en del av detta "gamla skräp" kommit fram ur sina gömmor och jag sedan hade lånat ihop täcken från Amerika och Sverige, från museer, hembygdsgårdar, vänner och bekanta och samlare, så blev det till en utställning. Och den blev framgångsrik. Det som var tänkt som en enda utställning blev en turné på konsthallar, museer och kulturhus. Allteftersom utställningen vandrat har den vuxit med täcken som jag köpt eller rent av fått som gåvor. Ingen utställning har varit den andra lik.

Överallt har utställningen varit välbesökt. Vad är det som fått alla dessa människor att komma till utställningen och återvända både två och tre gånger? Kanske är det historierna bakom täckena som gjort utställningen annorlunda, de anonyma kvinnorna som sytt lapptäckena får träda fram. I vår osäkra värld där allting förändras söker vi våra rötter och genom lapptäckena blir det förflutna synligt. Många besökare har vittnat om hur deras egen barndom rullats upp när de mött lapptäckena, såväl fattigdomen som tryggheten. Det är som om tiden och kärleken för evigt är insydd i dessa täcken, som om de utstrålade en urkraft, en kvinnlig urkraft.

På alla platser har vi inbjudit till "Kom och visa ditt nya eller gamla lapptäcke" och överallt kom människor med täcken framletade på vindar och i källare, med berättelser om och fotografier på sömmerskorna. Ibland kom stämningen vid dessa tillfällen faktiskt att likna frälsningsmöten. Kanske är det just detta som lapptäckena förmedlar: hur arbetet, skapandet lyfte vardagen. Kanske var det därför som så många konstnärer kom till utställningen och i lapptäckena upptäckte en ny bildvärld. Och överallt fick jag erfara hur kvinnorna som gick runt bland täckena liksom växte, kände stolthet och gemenskap.

När det så blev tal om en bok om lapptäcken stod det helt klart för mig: den skulle handla om gamla svenska lapptäcken.

Den här boken har inga anspråk på att vara en fullständig eller vetenskaplig historia. Jag har besökt folklivsarkiv i Uppsala, Göteborg, Lund och Stockholm, läst det som finns skrivet och dokumenterat om gamla lapptäcken, men framför allt letat efter citat och samlat berättelser, minnen och tankar av de sömmerskor som skapat täckena. På så vis har jag velat förmedla ett kulturarv okänt för många. Utställningen "Lapptäcken – en kulturskatt" och denna bok är min hyllning till våra mödrar och deras mödrar som skapat allt detta vackra.

Göteborg den 14 december 1992

Åsa Wettre

Åsa i mitten, iförd examensklänning, med syskon och kusiner i Falun 1951.

Foto: Nils Keyland 1922. Nordiska museets arkiv.

Lapptäckshistorik
Åsa Wettre

Den svenska fattigdomen

Kylan under det mörka vinterhalvåret och en evig fattigdom var många människors vardag i 1800-talets bondesverige. "Hos mycket fattiga – både torpare och en del mycket fattiga bönder – hade man ibland också bara sängen fylld med halm utan något helst mer, varken lakan eller annat; ibland lade man dock en fäll över halmen, mestadels var det då en gammal sliten fäll, som man ej ansåg sig längre kunna använda till täcke." (Uppteckning i Nordiska museets arkiv.)

På västkusten kunde man använda tång i stället för halm att sova i. Kapten Olof Olofsson från Kyrkesund berättar: "I Ängeviken strax intill Kyrkesunds samhälle på Tjörn bodde i min barndom (1910) två gamla gubbar Kristian och Andreas på Oset. De ägde en mycket liten stuga grå till färgen av väder och vind. Sina liggplatser hade de på loftet, de hade inga soffor eller sängar att ligga i, och låg i s k 'tanguler' = tånglyor, dvs de hade rett sig ett läger utav torkad sjötång. En väldig mängd tång hade torkats på klipporna och sedan burits upp på loftet, i den tången 'borrade de sig ned'. De hade således inte vare sig bolster, lakan eller huvudkudde."

Genom att sy ihop diverse smålappar kunde man tillverka ett täcke även om man inte hade råd att skaffa ett helt tygstycke. Lena Fehrling, som föddes 1905 i Ödsmål i Bohuslän, berättar om sin tid som vallflicka i Dalsland: "Jag bodde på landet hos ett syskonpar några år. Gården hette Tveten i Frändefors socken. Syskonen hette Ola och Lotta (Charlotta). Gården hade de ärvt efter sina föräldrar. När bonden Ola lade sig om kvällarna tog han bara av sej kavajen och skärmmössan. Bädden bestod av en halmbolster och en halmkudde utan lakan och ett lapptäcke som var blankt av smuts. Man såg inte längre tygbitarnas mönster. Mannen låg i köket i en träsoffa. Systern låg också i köket men i en träsäng. Även hon hade halmbolster och huvudkudde och bädden saknade lakan, men hennes täcke var inte fullt så smutsigt. Hon brukade vid liggdags ta av sej blusen och kjolen och någon av underkjolarna. Hon bredde sedan ut de avtagna kläderna ovanpå täcket. Såväl kjolen som blusen var styva av åratals gammal smuts. Särskilt den långa kjolen, vilken släpat i lort såväl i ladugård som ute och inne. Den kunde stå själv, stel som den var av lort."

När lapptäckena var nysydda blev de först gästtäcken. Därefter användes de av husbondfolket. När de blivit slitna övertogs de av pigorna och drängarna på gården. Sedan blev de luffartäcken och sist hamnade de kanske i stallet som hästtäcken. Bröllopstäcken förekom även (se sidan 34).

Mot loppor och löss hade man olika knep. Ett av dem var lusbrädan, som man borrat många hål i och som ställdes invid sängen på kvällen. På natten kröp lössen in i hålen och på morgonen var det bara att skaka brädan över elden. Ett annat var att lägga fällen eller täcket över en myrstack – myrorna åt både lopporna, lössen och äggen. Lapptäcken förknippades i allmänhet med "enkelt folk" – så var det i Sverige och så var det till exempel i Holland. Där talades det om *armoededeken*, "fattigmanstäcken" och *bedelaarsdeken*, "tiggartäcken". "Lapptäcken var inte fina nog i förnäma hem", berättar snickarmästare Nils J. Persson i Röstånga i Onsjö i Skåne.

Ur Mina drömmars stad av Per Anders Fogelström

"Hon skruvade ner lampan och bäddade, sängkläderna låg under locket. En halmmadrass, långkudden som skulle räcka åt dem båda, lakanet och det stickade lapptäcket. Hon hade själv sytt och gjort i ordning sängkläderna och i byrån låg ett extra lakan att byta med. Hon tyckte om att bädda, tittade lite oroligt på de nya sängkläderna: de fick inte slitas eller smutsas, allt skulle vara lika fint som när det var nytt. Hon var Tvätt-Malins dotter och hade sin mors känsla för att allt skulle vara skinande rent. Hon hade också varit noga med att skaffa en ordentlig träbalja, den stod placerad på baksidan av huset. Där fick Henning tvätta sig när han kom hem från hamnen, till vintern skulle de flytta upp baljan på vinden. Oroligt kunde hon fråga honom: Du tvättar väl fötterna varje dag så att inte sängkläderna blir smutsiga?"

Lapptäcket genom tider och kulturer

Låt oss för en stund vända blicken från Sveriges bondbyar ut i vida världen. Det äldsta bevarade exemplet på lappteknik är från Yindynastin (1450–1122 f. Kr.) i Kina, ett slags tygmosaik av sidenremsor för att svepa in en urna i. Bruket att ta till vara tyglappar och att sy ihop två tygstycken med stoppning emellan har sedan länge funnits i många kulturer. I Nordafrika, Turkiet, Persien, Syrien och Kina användes lappteknik för tält, förhängen, täcken, kuddar och väskor. Lappsömmen passade också väl för ceremoniella textilier såsom heraldiska vapen, banér och fanor. Den förekom hos morerna i Spanien. Korsfararna, kända för sina standar i ett slags lappteknik, bar även vaddstickade jackor till skydd mot kyla och pilar. Även i Tudortidens England användes lappsömmen i praktfulla textilier.

Det anses vara engelsmän, holländare och spanjorer som tagit med sig lappsömstekniken till Amerika. Under religionsförföljelserna flyttade många grupper till Amerika, bland dem kväkarna som slog sig ner i det nuvarande Pennsylvania i slutet av 1600-talet. Jacob Amman, som ursprungligen kom från Schweiz, bröt 1693 med mennoniterna och hans sekt kom att kallas Amish, vars lapptäcken i enkla geometriska mönster och särpräglade färger har blivit klassiska. De första täckena var sannolikt sammanfogade av oregelbundna skinnbitar eller tyglappar, något som i slutet av 1800-talet blev ett mode och kallades för *Crazy Quilt*.

I Amerika samlades kvinnor till *quilting bees*, ett slags täckstickningsgillen för att hjälpas åt att sticka ett täcke, för att lära av varann, utbyta mönster men också nyheter och skvaller. Dessa *quilting bees* var en viktig del av den amerikanska kvinnans liv, man arbetade och pratade tillsammans och sedan åt man och dansade. Så här skriver Fredrika Bremer i ett brev från Amerika 1849: "Jag var på ett Bee! Och om Du skulle vilja veta vad detta skapande är för något så lyssna! Om en familj råkar ut för fattigdom genom sjukdom eller eldsvåda och barnen behöver kläder eller andra saker så samlas meddetsamma de bättre ställda kvinnorna i grannskapet och syr för dem. En sådan sammankomst kallas för ett 'bee'."

Skillnaden mellan de välbärgades lapptäcksarbeten och allmogens bestod framför allt i materialen. I bättre bemedlade hem sydde man samman lappar av siden, chinz och sammet, gärna i stjärnmönster medan gemene man använde ylle och linne. En tradition som ursprungligen kom från England var att en flicka skulle ha tolv lapptäcken i sin brudkista. Det trettonde skulle bli hennes bröllopstäcke och syddes bara om hon gifte sig. Det var det vackraste, ofta med broderier och med hjärtmönster i stickningen. Lapptäckskonsten nådde sin höjdpunkt i Amerika kring 1860-70. Intresset märks inte minst på det oändliga antal mönster och kompositioner vars namn hämtades från såväl vardagsliv som från politiken eller bibeln. Samma mönster kunde ha olika namn beroende på om ursprunget var ett fiskarsamhälle eller en jordbruksbygd.

Före 1880-talet dominerades de amerikanska lapptäckena av glada färger. På 1920- och 30-talen blev pastellfärger vanligare. Under depressionen användes också i fattiga lantarbetarfamiljer mjöl- och sockersäckar att sy täcken av. Vid denna tid stagnerade lapptäckssömnaden, men levde ändå kvar, respekterad och betraktad som den viktigaste formen av kvinnlig hemslöjd.

Det svenska lapptäckets historia

Stickade lapptäcken har sitt ursprung i medeltiden och var gjorda av kläde, vadmal eller läder. Från Dalhems kyrka i Småland kommer ett känt guldskinnstäcke med djurmotiv från tidigt 1400-tal. Det finns nu på Statens Historiska Museum i Stockholm, som även har ett intressant guldskinnstäcke från Skepptuna kyrka.

Ett täcke hittades bland kvarlåtenskapen efter drottning Margareta Leijonhufvud, Gustav Vasas andra gemål. Det var sytt av siden med foder av sarduk och stoppning av bomull. Under 1600-talet blev lappsömmen mer utbredd i Sverige. Enligt Svenska Akademiens ordbok omnämns ordet lapptäcke första gången 1755 och definieras som "sammansydda tygbitar". De flesta bevarade av dessa tidiga täcken är sydda på herresäten av sidenlappar som ibland var broderade.

Bönder, hantverkare och andra mindre bemedlade har i alla tider övertagit de högre ståndens vanor och bruk, mönster och former. Allmogesnickaren snidade stolar i sin bondbarock, den folklige målaren inspirerades av konstverk han sett i "den fina

Guldskinnstäcke. Intarsiabroderi i vadmal. Sammansatt av rutor med infällda djur – lejon, gripar, enhörningar, hjortar och hästar – i blått och rött. Rutornas och djurens färger växlar. Samma slags djur är utskuret i blå respektive röd ruta och infälld i ruta i motsvarande färg. Fogarna är täckta med ursprungligen förgyllda läderremsor, ihopsydda med vit lintråd. Konturer och detaljer i vit vadmal och läderremsor. Runtom grön bård med ranka i konturbroderi av läderremsor. (Bildtext: Anna Borggren, Riksantikvarieämbetets och Statens Historiska Museums textilenhet.) 1400-talet. Skepptuna kyrka, Uppland. Statens Historiska Museum. Foto: Gabriel Hildebrand.

(1866). *SvUppslB* 14: 281 (1933). — **(1 e) -TÄCKE.** (lapp- c. 1755 osv. lappa- 1914) hopsytt av tyglappar. SCHULTZE *Ordb.* 2689 (c. 1755). WRANGEL *FornTid.* 27 (1926). särsk. bildl. Fjällheden .. var ett veritabelt lapptäcke af olika växtsamhällen. *BotN* 1902, s. 245. — **(2) -VIS**, n. (†) i uttr. *i lappvis*, i små delar, i småposter. I hafuen betalt migh pening(a)r sedhan 1649 i Lappwijss. *VDAkt.* 1658, nr 183. — **(3 c) -VÄLLD**, p. adj. *tekn.* Tuberna (*i lokomotiven*) äro sedan år 1900 heldragna af mjukt stål. .. Dessförinnan utfördes de lappvällda. *SJ* 3: 46 (1906). — **(1, 2) -VÄRK**, n. (lapp- 1610 osv. lappe- 1598—1666) [jfr *anm.* ovan] eg. om ngt som består av lappar l. är sammansatt av lappar; ngt som består av olikartade delar; ofta övergående i bet.: fuskvärk, klåparbete; äv.: kompilation; förr äv.: onyttig l. värdelös sak;

Ur Svenska Akademiens ordbok. SAOB Arkiv.

världen", pigan på herrgården såg herrskapsfröknarna sy och brodera sidentäcken. Men för allmogen var lapptäckena en tvingande nödvändighet. De var i mitten av 1800-talet en ersättning för de dyrare och enfärgade täckena i mer välbeställda hem. Redan Olaus Magnus konstaterade i Historia om de nordiska folken 1555 att: "Nordens kvinnor hava beundransvärda anlag för att väva linne- och yllaväv." Det är sannolikt just den långa vävtraditionen som medförde att det egentligen var först i samband med de stora emigrationsåren kring 1880–90 som lapptäckssömnaden fick ett folkligt genombrott med de hemvändande svenskar som lärt sig *patchwork* i Amerika.

Så här berättar Tekla Karlsson från Sunnerbo i Småland: "Min fasters man reste till USA i flera omgångar för att tjäna pengar till gården. Så fort de levt upp dem åkte han ut igen. Lapptäckstekniken har svensk-amerikanare infört här i S. Ljunga."

Dessutom kunde man nu göra papper av trä, så att man inte behövde lämna sina tyger till papperstillverkning. Och mönstrade bomullstyger blev vanligare från cirka 1870.

I Amerika finns en oerhört rik flora av mönstervarianter på lapptäcken. De fantasifulla namnen fick få motsvarigheter här hemma i Sverige: *Log Cabin* blev stockhus, *Court House Steps* rådhustrappan, *Wind Mill* blev väderkvarnsvingar och *Crazy Quilt* "toktäcke".

Qvinnan och Hemmet var en månatlig handarbetstidskrift utgiven från 1888 i Amerika för svenska kvinnor som emigrerat. Den innehöll bland annat lapptäcksmönster, ofta hämtade från tidskriften *Ladies Home Journal*. I Sverige spreds mönstren genom Tidskrift för hemmet och Mönsterbok för slöjdun-

Täcke sytt i skarvsöm av enfärgade och tryckta ylletyger. Stoppningen är av ull och linblånor. Foder av bomullslärft. Sticksöm i diagonala rutor, viggmönster, kvadrater och cirklar, sytt med gråbrunt lingarn. Broderi i ensidig plattsöm, stjälk- och läggsöm med hårdtvinnat ullgarn samt lingarn. Täcket kommer från Alebäcken, Sventorp socken, Skaraborgs län. Finns nu på Skaraborgs länsmuseum. 200 x 150 cm.
Foto: Ulf Nordh.

Kuddöverdrag. Nordiska museet. Foto: Mats Landin.

Detalj av lapptäcke från 1860–70. Kulturen, Lund.

Detalj av brudtäcke 27.8.1891.
TextilMuseet Borås. Foto: Jan Berg.

dervisning, genom veckotidningar och syföreningar. Syföreningar startade 1844 utanför Värnamo och de första syjuntorna startade 1897.

De mönster som var populära i Amerika återfanns i Sverige ungefär 20 år senare. I svenska museer finns påbörjade lapptäcksöverstycken med insydda pappersmallar från amerikanska tidningar.

Allteftersom täckena blev vanligare ersatte de ryorna i sängarna utom längst i norr – där kylan gjorde att fällarna dröjde kvar. Längst i söder hade man dunstoppade bolstervar, randiga eller mönstrade. "En hustrus snällhet mätes efter antalet av de vackra sängtäcken, dynor- och åkedynor, som hon tillverkar", skriver Jonas Frostensson Svanander i sin doktorsavhandling om Bara härad, som 1796 utgavs i Lund.

De tidigaste bevarade svenska lapptäckena är av siden från högreståndsmiljö. På Jämtlands läns museum finns till exempel ett bröllopstäcke från 1763 av sidenlappar med broderi i varje ruta. På Nordiska museet finns ett liknande av sidenlappar från 1797 vars "spegel består av hopsydda kvadrater varav sju bildar ett kors med armarna räckande ut till bården". Dess mittkvadrat, som har ett grekiskt guldbroderat kors, är sannolikt hämtad från en uppsprättad kollekthåv. Röhsska konstslöjdmuseet har ett täcke av olika sidenbitar med applikation från 1643.

T. Wrangel berättar i boken Från forna tider om en prästgårdsmiljö år 1826 i Sandsjö, Småland, där ett sidentäcke skapats av "rester". Biskopen i Växjö, Esaias Tegnér, var där på biskopsvisitation: "Slutligen blev det tid för biskopen att gå till vila under mormors redan omnämnda brudklänning, som bispen till ära förvandlats till en så kallad spegel i ett 'lapptäcke'." Precis som i Amerika återspeglar alltså valet av material var man befann sig på samhällsstegen. "Fint folk" sydde täcken i stjärnmönster av sidenlappar i form av hexagoner eller romber. Speciella bröllopstäcken förekom: bland gåvorna till den blivande bruden kunde det finnas en broderad sidenlapp som bar sömmerskans monogram och denna lapp syddes sedan in i täcket.

Hildur Strömblad i Halland berättar: "I min ägo har jag min svärmors s k 'bruatäcke' [brudtäcke]. Det syddes till hennes bröllop den 1/6 1894. Tjugo cm stora sidenlappar prydda med givarens monogram eller i något fall hela förnamnet. Det var sed att till någon bemärkelsedag uppvakta med en sådan lapp, som när det blev bröllopsdags syddes till ett 'bruatäcke'. Jag vet någon som ogift i rätt hög ålder efterlämnade en myckenhet sådana lappar."

"Se siden är absolut oduglig till lapptäcken, ty det tyget äter upp sig självt", berättar en annan kvinna. Orsaken var att man i slutet av 1800-talet blandade upp silket med metallsalter, så kallat förtyngt silke.

"Vanligt folk", hantverkare och arbetare, småbönder och torpare, tog till vara lappar av ylle eller linne i form av kvadrater och rektanglar. Anna-Maja Nylén skriver i Beklädnadsindustrin och modet: "Lapptäckenas storhetstid 1870–1920 är den period då maskinvävda bomullstyger blev billigare, men konfektionssydda kläder fortfarande var sällsynta – de lämnade ju inga tygrester i hemmet."

I de fattigaste hemmen där man sällan eller aldrig hade råd att sy nya plagg hade man därför heller inte tygrester att sy lapptäcken av.

En sageskvinna har berättat att man sov under rockar och vad man hade eller sydde täcken av jutesäckar som färgats blåa. Det fanns alltså människor för vilka även ett lapptäcke var en oöverkomlig lyx. På 1930-talet minskade lapptäckssömnaden avsevärt när fabrikstillverkade täcken och filtar blev överkomliga i pris. Då var det ett fattigdomsbevis att ha lapptäcken hemma. Enligt en uppteckning i Folklivsarkivet i Lund kunde man få se "utbakade brödkakor ligga på jäsning på mer eller mindre rena lapptäcken i köket i månget torparhem".

Arvid Bengtsson N. Åsbo, Grammanstorp, Skåne berättar: "De sista lapptäckena jag sett i bruk har varit hos kringresande zigenare på 20- och 30-talet, troligen hoptiggda från besökta gårdar. Alla zigenarfamiljer var då rikligt försedda med massor av täcken och bolstrar, vilket förklarar att de på den tiden kunde bo i sina tält även vintertid."

Att lapptäckena försvann kan också ha berott på att de bidrog till att sprida smittosamma sjukdomar som till exempel tuberkulos. De var ju inte direkt lättvättade.

Det skulle dröja flera decennier innan lapptäckssömnaden åter skulle få en renässans.

Lapptäcket och kvinnors vardag

Med industrialiseringen och inflyttningen till städerna i slutet av 1800-talet började den gamla bondekulturen upplösas. Gammal kunskap, nedärvd i generationer, gick förlorad. Ett upplyst borgerskap som var medvetet om dessa risker tog i slutet av århundradet initiativ för att bevara traditioner och föremål från den gamla allmoge- och hantverkarkulturen. Nils Månsson Mandelgren hade varit med om att stifta Svenska Slöjdföreningen redan 1844. Handarbetets vänner grundades 1874. Arthur Hazelius tog initiativet till Skansen och Nordiska museet på 1870-talet. Kulturen i Lund grundades 1882 av Georg Karlin. Hemslöjdsrörelsen organiserades 1899 av textilkonstnären Lilli Zickerman. Enligt Mattis Hörlén i en artikel i Hemslöjden 1951 skulle hemslöjdsrörelsens program kunna sammanfattas så här: "Att genom inventeringar införskaffa kännedom om den gamla folkkonsten samt genom kopiering eller bearbetning göra denna tillämplig för nutiden; att meddela undervisning och ge råd åt bygdens folk; samt att genom försäljning skaffa slöjdarna inkomster. Som synes ett stort kulturellt och socialt program."

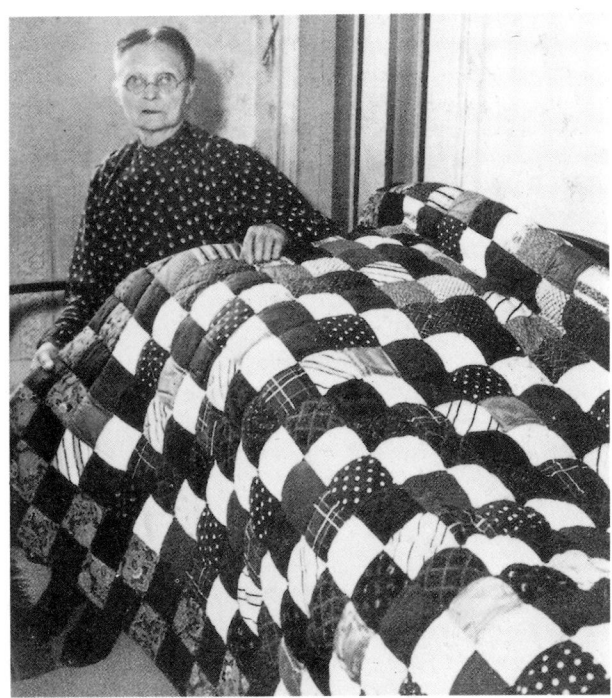

Sängtäcke från Österlen i Skåne. Ur Gertrud Ingers bok Lapptäcken.

Svenssons barn. Hamra by, Rumskulla 1923. Foto: August Christian Hultgren. Östergötlands länsmuseum.

Katarina Ågren skriver i artikeln Folkkonsten och hemslöjden: "Hemslöjdsrörelsen startade en gång som protest mot industrialismens verkningar. Hemmiljön på landsbygden, både den materiella och den sociala hölls fram som en förebild. Där fanns kvalitet och skönhet i funktionella ting, av den kunde man lära sig hur viktigt arbetet för det egna hemmet var för familjens sammanhållning."

Med det vällovliga syftet att slå vakt om gamla traditioner och hantverk i protest mot industrins anonyma massproduktion följde på sina håll en nedlåtande syn på det genuint folkliga. Den goda smakens tillskyndare kritiserade de grova lapptäckena för deras brokighet, när det i själva verket var just detta de sömmande bondhustrurna eftersträvade.

Hulda Christiansson i Örkelljunga har sagt: "(...) det skulle lysa eller 'brada' som de gamla sa, 'täcket skulle skina'."

I ett häfte från 1910 med titeln Prydnadssöm. En liten vägledning i kvinnliga handarbeten skriver Agnes Branting: "I Västmanland finnes en hel grupp väskor sammanskarfvade af lappar. De påminna i hög grad om de för några tiotal år sedan så vanliga lapptäckena, som syddes af små lappar af siden eller ylle och hvilkas mest utmärkande drag var en sällsynt fulhet."

I ett textilt bildverk av Emelie von Walterstorff utgivet av Nordiska museet 1925 finns en omfattande ordlista i vilken ordet lapptäcke inte ens är infört. Det återfinns däremot under ordet påläggssöm: "Besläktad med påläggssömmen är skarvsömmen, sorgligt bekant från senare tiders s k lapptäcken." I de svenska museernas samlingar dominerar de finare sidenlapptäckena – som så ofta annars är det föremål från de högre stånden som bevarats åt eftervärlden. De grövre allmogetäckena har slitits ut, lagts undan eller inte befunnits vara fina nog att ens bevaras och har helt enkelt slängts på soptippen. Men att sängkläder en gång har aktats högt visar bouppteckningar från 1700-talet.

Nedanstående är efter en skomakare i Södra Åby socken, Vemmenhögs härad i Skåne 1725:

Mässing, Koppar och Malm	22,21
Spannmål	27,16
Senge och lin Kleder	14,8
Hestar och stood	16.-
Swijn	13,16
1 gl geet	1,16
Jern Wahrror	24,26
Träawaror	23,30
Inventarii Summa	207,12

Sängkläderna var alltså mer värda än de svin man hade och nästan lika mycket värda som hästarna.

Förr kunde man bedöma folk efter sängen. Christina Carlsson, född 1857 i Ytterby, Bohuslän, berättar om täckena att "de lades på den högt uppbäddade sängen vid helger, söndagar och när främmande väntades. En högt uppbäddad säng vittnade om ett gott förråd av sängkläder och ett grant täcke förstärkte intrycket."

Julia Andersson berättar från sekelskiftets Solberga i Bohuslän: "De som hade många vackra täcken, hade dem på en stol, så att de skulle synas. Kom en främmande kvinna in i kammaren så skulle hon räkna täckena om hon var artig, låtsade hon, som om hon ej såg dem, var hon avundsjuk, och undfägnaden blev därefter."

Augusta i Ränneskär har berättat för Selma Johansson i Harestad: "Gästen skulle alltid titta på, räkna och beundra täckena. Friare och hans böneman blevo alltid bjudna in i kammaren, och de sågo efter hur hög sängen var och hur många täcken de hade i det huset." Men det var inte hos alla det var så väl försett med sängkläder. Få hade överlakan före sekelskiftet och många inte heller underlakan. En gammal kvinna berättar om sin farmor att de inte hade mer än ett "skifte" i sängen, de kunde inte byta lakan. När hon tvättade drog hon förhänget för sängen så att ingen skulle se att hon hade "svart" säng (utan vitt linne). De fattiga hade alltid svart i bädden.

I många arbetarfamiljer köpte man vetemjölsäckar, dammade ur dem, tvättade dem, kastade ihop två och två för hand och märkte dem. Man fick då ett oblekt, starkt och billigt underlakan. Att ta tillvara allt var en inställning som präglade människorna förr inte minst vad gäller textilier.

I ett föredrag på Dalarnas museum berättade Ingrid Bergman att det i början av 1800-talet fanns ytterst få textilier i lanthemmen, inga mattor på golvet – man fick inte trampa på textilier – inga gardiner för de små fönstren. Och det var oerhört smutsigt. Duk hade man bara till stora högtider som vid jul och bröllop. Det som fanns i hemmen var eventuellt sängkläder, hästtäcken och något i släden. De få klädespersedlarna bars ofta tills de föll av kroppen. De var gjorda av lin, hampa och ull och representerade stort värde.

Ulla Oscarsson skriver i Kvinnomöda och skaparglädje: "Ett skålpund (ca 1/2 kg) ull motsvarade i värde ett kvinnodagsverke. Linet var ännu mera värt. Till det kom hela arbetsprocessen med att få fram garn som var väl känd för alla och envar. Man visste vilket nedlagt arbete varje garnhärva och varje plagg representerade. Det är därför inte konstigt att man var rädd om det fåtal textilier man ägde. Studerar man bouppteckningar visar det sig också att den dödes efterlämnade ägodelar värderades högt. En gammal rock kunde t ex värderas lika högt som två plogar och en harv."

Man tog vara på allt som överhuvudtaget gick att använda: nöthår, hårull, svinborst, tagel, humlefibrer, nässelfibrer, ängsull, kaveldun, hår från älg med mera. Att slänga utslitna kläder eller lappar var en dödssynd.

Det var vanligt med barnarbete. Femåringar fick repa upp lappar som kanske varit en utsliten särk och sortera ulltrådar för sig och lintrådar för sig. Ulltrådar lades med vatten i en smörkärna och genom att bearbeta tygbitarna löstes fibrerna upp och sedan spann man ullen på nytt tillsammans med lite ny ull.

Utslitna linnesärkar klipptes i remsor som användes för att linda spädbarn så att de blev raka. Linnelump såldes till pappersbruken och kunde ge en liten kontantinkomst. Det fanns till och med en lag instiftad 1738 som vid vite förelade gemene man att lämna linnelump till pappersbruken – alla böcker före 1870 gjordes av linnelump som blev vitt papper (yllelump blev grått papper). Då började man göra papper av trä och därmed inleddes en ny och bättre tid. Skogen gav en oerhörd rikedom för hela landet. Efter 1870 fick man också andra textilier, framför allt bomull.

"Redan under slutet av 1700-talet började bomull förekomma, men då endast som ett verkligt lyxmaterial. Först när textilindustrin under 1800-talet kom igång och började producera bomullsgarner och bomullstyger till billigt pris, började linne och ham-

Anna-Greta Johansdotter (1848-1917), Korsikebacke, Främmestads socken, Skaraborgs län. Foto: Anders Johansson 1907.

pa konkurreras ut. Detta skedde vid 1800-talets mitt och ökade sedan successivt. Bomullen medförde en revolution, både när det gällde inredning och klädsel. (...) Bomullstygerna blev så pass billiga att när de slitits ut kunde man kosta på sig att hitta på en ny användning för dem. På 1870-talet och framåt började golven prydas med trasmattor för första gången. Likaså kommer lapptäcken, gardiner i större omfattning, dukar mm. Nu inleds en tid då hemmen mer och mer kläds i tyg. (...) Att bära siden, sammet och andra importerade tyger var länge förbjudet för vanligt folk. De materialen var förbehållna samhällets högre skikt. Gång på gång under 1700-talet och 1800-talets första årtionden kommer myndigheterna med sk överflödsförordningar. Där beskrivs i detalj vilka varor som är förbjudna att köpa. Straffen var kännbara. År 1733 dömdes en piga från Oviken till 8 dagars fängelse på vatten och bröd för att hon burit sidenhalsduk. Men förbuden trotsades mer och mer allmänt. Mängder av bomull, silke, sidenhalsdukar, kattuner mm togs in från bl a Norge. Och i sockenbeskrivningar från tiden kring år 1800 sägs att praktiskt taget varje kvinna är ägare av sidenschalar, sidenmössa eller sidenförkläde." (Ulla Oscarsson, Kvinnomöda och skaparglädje.)

Under 1800-talets senare del spreds bruket att sy praktfulla lapptäcken. Tyger fick man bland annat av gamla sidenschalar eller broderat siden från bindmössor. Men det vanligaste var att man använde remsor och lappar av ylletyg eller linne och först senare bomull. Eftersom man vävde det mesta och sydde allt man behövde i hemmet blev det bitar över. För att få större variation till lapptäckena bytte man lappar med varandra eller köpte bitar eller provlappar av någon sömmerska. "Min farmor bytte ägg mot granna tyglappar med en sömmerska", berättar en kvinna.

I en uppteckning från St Ilian i Västmanland berättas det: "Mamma köpte provlappar inne i en manufakturaffär. Lapparna var ungefär två dm långa och vikta på mitten. Hon fick en rätt stor bunt för 10 öre. Det var tyger i mycket olika fina färger. Det var genom att hon köpte såna där lappar som jag lärde mig sy. Jag sydde mest smått, som dockkläder – mamma använde provlapparna när hon gjorde lapptäcken."

En kvinna berättar hur hennes mor vid sekelskiftet köpte så kallat täcktyg liknande percal eller satin och klädde täcken med, men en gång köpte hon av en gårdfarihandlare ett helt stycke av hopsydda lappar.

Täckstoppning i Mangskog socken i Värmland. Foto: Nils Keyland 1922. Nordiska museets arkiv.

Dessa knallar kom framför allt från Sjuhäradsbygden i Västergötland där man hade svårt att leva enbart på jordbruket. De sålde också klutar, det vill säga tygstycken och schaletter. Av urvuxna och utslitna kläder fick man tyglappar men de fick inte vara för nötta eller blekta – då fick de gå till trasmattor. Dessa kunde färgas men inte lappar till täcken eftersom de då kunde fälla på lakanet.

Som stoppning användes till en början blånor och sönderkardade ylletrasor och senare efter hand bomullsvadd. Till foder hade man blaggarn. En man från Blekinge berättar : "Min mormor, född 1862, har bevisligen sytt lapptäcken intill år 1930. Min mormor klippte ut fyrkantiga lappar av olika sorters tyg och färg, som hon sydde samman till överstycket på lapptäcket, som kunde vara ett annat gammalt täcke som kläddes över med lapptäcksbitar på översidan och med vanlig täcksatäng på undersidan: grön, blå, gul eller röd eller grå. Det var översidan som bevisade att i huset bodde en flitig och kunnig husmor. Min mormors lappar var fyrkantiga 1 halv fot = 6 tum = 15 cm. Det var mest bland småbönder och torpare som lapptäcken tillverkades hos oss. De rika beställde sina täcken hos stickerskan som stickade de nya, fina täckena på sin stickbåge. De rika gav bort sina slitna täcken med vit vadd och de fattiga, som fick dem gjorde sedan lapptäcken. De gamla täckena kunde ofta vara mycket slitna. (...) Jag har varit ägare till ett av mormors lapptäcken till för 5 år sedan. Det var då utslitet och fick gå i lumpsäcken. Detta täcke var jag själv med om att klippa fyrkanterna till omkring 1920. Mormor lade rätsida mot rätsida och sydde för hand, men de som hade maskin sydde på den. Mormor

Knalle. Ur Hemslöjden nr 3-4 1948.

hade olika lapptäcken t ex gungstol, korgfåtölj, sängöverkast och örngott, det såg fint ut med ett lapptäcke och en lappkudde på sängen, eller hur. Även de vanliga pinnsofforna lades det mjuka goda lapptäcken på, för efter middagen så skulle det ju vilas lite och det var ju inte så gott att vila på en vanlig pinnsoffa som inte hade något täcke på locket. Jag såg väl förr olika mönster på täcken, men fäste mig inte för några andra än de som mormor gjorde, för de var ju de finaste tyckte man ju som barn. (...) Ja lapptäcken i forna dagar kunde ju vara rätt så utstofferade och fina och så visade ju både lapptäcket och trasmattan att husmor var en tillvaratagsen kvinna. Ju fler lapptäcken och ju fler trasmattor och allt annat sytt, vävt och spunnet vittnade om en viss välförmåga, sparsamhet och flit och den flicka, som redan vid 16 år hade skaffat en fjäderdyna kunde vara värd för vilken karl som helst att få till maka och mor."

Oftast arbetade man ensam med själva lappsömnaden, men vid stickningen kunde man vara flera kring täckstolen.

Anna Johansson i Gnesta berättar: "Vi gick till varandra och hjälptes åt och hade väldigt trevligt under tiden. Vi drack kaffe och åt mat som vanligt men tog bara till lite mera och kanske lite godare än i vardagslag, för övrigt var det som vanligt bara lite mer lustbetonat och avbrott i den vanliga rutinen." Ett sådant kalas kunde också kallas "sticköl".

Någon annan berättar hur trivsamt det var att vara liten då täcken stickades. Det kändes som fest i luften och så var det ombonat att bo under bågen. Det var vanligt att man tog ut väven och vävstolen på sommaren och satte in täckstolen. Det var inte ovanligt att "hjälpgummor" kom och stickade täckena och som betalning fick en kaka bröd, en bit fläsk och några ägg. De flesta lapptäckena syddes för det egna hemmets behov. Men för ensamstående kvinnor, änkor och hemmadöttrar kunde lapptäckssömnad bli en liten försörjningsmöjlighet. På 1920-talet kunde det betyda ett par kronor för en täckyta. Det kom ibland en och annan drängpojke eller lillpiga och sålde lotter på något lapptäcke som deras mödrar sytt.

Det var också mycket vanligt vid sekelskiftet och fram till 1930 att det på varje lantbruksförsäljning fanns saluförda lapptäcken.

En upptecknare berättar: "Under vinterkriget stickade vi omkring 20 lapptäcken som skickades till Finland att användas som bårtäcken." Även en annan upptecknare talar om hur hon hjälpte till att sy lapptäcken under vinterkriget 1939 som skulle användas som hästtäcken.

Kristina Olsdotter från ön Mjörn berättar att hon var den första som började sticka täcken där 1885 och hon stickade för hela Tjörn och en stor del av Orust och fiskelägena där utanför.

Anna Johansson i Gnesta berättar om hur hon som barn i Hyltinge socken brukade hälsa på en äldre tant som stickade lapptäcken: "Hemmen var nog inte fattiga i egentlig mening men ej heller rika, utan snarare en atmosfär av lugn förnöjsamhet och medveten skicklighet, som man så väl kände när man kom in till en sådan tant, fast man bara var en liten unge." En kvinna berättar att lapptäckena gjorde sitt verkliga intåg i sällskap med symaskinerna.

Täckstickning vid mitten av 1920-talet i Backalund, Sunne, Värmland. Foto: Anna Lundblad. Privat ägo.

Här tar man kafferast. Foto: Anna Lundblad. Privat ägo.

Avräkningsbok för Singer symaskin. Till vänster.
"Unga flickor, som på den tiden mest arbetade som pigor och hembiträden, försökte av sin blygsamma lön spara ihop till en egen symaskin. Det ansågs förnämligt av en fattig flicka att föra en sådan med sig i boet när hon gifte sig. Symaskinen var inte bara ett redskap utan en möbel och en statussymbol. 100 år tidigare hade det varit en flickas dröm att få en egen byrå."(Julius Ejdestam, Så har vi bott.) Foto: Husqvarna Sewing Machines AB. Till höger.

"Varje flicka drömde om en Singermaskin och senare en Husqvarna. Avbetalningspriset för en dylik låg på 1920-talet kring 300 kronor." (Rut Wallensteen-Jaeger, Torparnit och statarslit när seklet var ungt.)

Husqvarna började sin tillverkning 1872, men symaskinerna blev inte vanliga förrän vid sekelskiftet. De fick mestadels namn efter kvinnor: Freja, Göta, Idun, Ingeborg. Stickningen gjordes naturligtvis för hand.

Att tvätta ett täcke var ett drygt och tungt arbete. Så här gick det till i Valbo i Gästrikland: "Ibland en skön vacker sommardag kunde man gå till en brygga vid ån eller bäcken och skura rent täcket med såpa, skölja det väl och hänga upp det för torkning. Man gick emellanåt och vred ur de nedersta hörnen [täcket hängdes alltså i snibb]. Det torkade sakta, då det var så tjockt och tungt. Bäst torkade det om det blåste litet. Sedan det torkat, skulle det piskas mycket noga, så att vadden fördelade sig. Man skakade det också. Efter den proceduren luktade det friskt och gott om täcket."

Ett annat sätt var att lägga ut lapptäcket i nysnö och borsta det rent med snön.

I en uppteckning i Dialekt och folkminnesarkivet i Uppsala berättas det: "Alla sängkläder 'hölls efter', man kantade utslitna täckkanter med nytt tyg – en fördel var att det fanns slitstarkt bomullstyg för några kronor metern. Och så vävdes tyg förstås, som blev ännu starkare. Allting gjordes med mycket stor beräkning – pengar var det ont om – men ingen talade om det, klagade gjorde ingen. Det var liksom en skam att inte kunna klara sig själv – ingen ville vara sämst härvidlag!"

Ur Vävarnas barn av Per Anders Fogelström

"Kvinnorna i rummet hade kommit överens om att begagna nysnön för att loppa av Mobergs och Krohns lapptäcken och Knapps gamla fårfäll. De slätade halmen till rätta i sängarna och bredde ut underlakanen av grov säckväv. Sedan bar de ner täcken och fäll, skakade av dem och lade dem i snön utanför. Om det var många loppor som ramlade ur gick inte att upptäcka i mörkret men hoppas kunde man ju alltid."

Skapandet

Som så mycket annat skapat av kvinnohänder är lapptäcken förgängliga. Vart tog kvinnors liv och arbete vägen? Kvinnorna har fått förverkliga sin skönhetslängtan genom att brodera på en klänning, sätta fram en blomma på bordet eller fläta ett vackert bröd. Men allt detta har slitits ut, vissnat bort eller ätits upp. Lapptäckena var gjorda för att användas och kunde inte hålla i all evighet.

Lapptäcken är ett slags kvinnlig hemslöjd och folkkonst: ibland brokiga, nästan alltid anonyma. De var bruksting som gjorde vardagen lättare att uthärda och en smula vackrare. De speglade verkligheten, för de var tillverkade av de till buds stående medlen – det finns grova, enkla, småländska yllelapptäcken som ser ut som ett stenigt, vresigt landskap av svarta, gråbruna och mossgröna lappar. Och de speglar sömmerskans smak och syn. "Varje lapptäcke har sin personlighet av skaparens hand, sinne, öga, tankar", står det i en uppteckning i Folklivsarkivet i Lund.

Willy Maria Lundberg skriver i boken Garn, flit, skönhet: "Varifrån hämtade de sin lust och fröjd de som skapade de här gamla broderierna eller handarbetena överhuvudtaget? Varför rymmer de så mycket stämning, en sån skönhet? Varför känns det som om de var tillkomna i kärlek?

Man hade tid förr. Man hade ett grundmurat krav på kvalitet. Man hade vördnaden för det omsorgsfullt utförda, aktningen för kunnandet. Där fanns en levande lust att pynta." I våra svenska lapptäcken finns vår folksjäl insydd för alltid. Själen och minnena.

Brita Karlsson från Västra Göinge berättar: "Jag minns hur jag som barn alltid betraktade lapptäckets olika bitar och gärna erinrade mig dess ursprung, innan jag somnade om kvällen. Det var roligt att när vintern var som kallast, i minnet frammana sommaren i form av en liten lapp i täcket eller kanske minnas examensklänningens 'elegans' genom en liten ruta blommigt färgglatt bomullstyg."

Maria Kellerman från Svedala kom ihåg när hennes mor bredde ett stjärntäcke över sängarna om söndagarna innan de gick till kyrkan: "Det var helg hemma då."

Hulda Christiansson från Örkelljunga undrar varför kvinnorna förr fängslades så av lapptäckena: "Helt säkert därför att dessa kvinnor fördes tillbaka i minnenas värld. Varje ruta representerade för dem

"I gamla tider var härden det kanske viktigaste i hemmet. Den var murad, ibland försedd med en spiselhäll av järn. Skorstenen var så vid, att en man kunde ta sig igenom den. Den behövde därför sällan eller aldrig sotas. Härden var hemmets enda värmekälla och dominerade hela storstugan, som samtidigt var kök. Vintertid skedde allt i detta rum, där åt man, där sov man, där förrättades alla inomhussysslor, där tvättade man sig och där lekte barnen. Vid härden lagade man också maten." (Maj-Britt Kristiansson, Handens arbete, hjärtats tanke.) Nordingrå hembygsgård. Foto: Hans Marklund.

ett minne. Kanske från barn, som blivit stora och lämnat hemmet eller någon kär anhörig som gått bort för alltid."

Lapptäcket som minnesbok, dokument och glädjekälla. "Jag kan se för mig hur mors ansikte strålade när hon berättade hur roligt det var den vintern hon tog sig tid med att sy lapptäcket." (Uppteckning i Folklivsarkivet i Lund.)

Lapptäcket berättar om tid – på många plan.

Tidiga svenska utvandrare lär ha fört med sig bruket att bygga timmerhus (*log cabin*) till Amerika, närmare bestämt år 1638 i Delaware.

Det kanske vanligaste lapptäcksmönstret i Amerika och i Sverige har varit *Log Cabin* eller stockhus. En förklaring till dess popularitet är att det symboliserar torparens enkla boning. Mönstrets tygremsor fogas samman på samma sätt som stugan, timmerstock läggs till timmerstock. Lapparna fogas samman till ett block vars ena diagonala hälft är av mörkare tyger, den andra av ljusare. Den röda mittrutan symboliserar elden i härden, hemmets hjärta, runtomkring är ljus- och skuggsida på timmerstocksväggarna. På det viset påminner stockhusmönstret om nybyggarepoken. Stockhusmönstret liksom de flesta mönsterblock byggs upp av delar, lappar. Det gör själva arbetet hanterligt.

Man kan betrakta täcket så här: någon har för länge sedan vävt ett tyg inslag efter inslag i en varp. Av tygstycket, kanske avsett för en kjol, har det blivit kvar en lapp när den var färdigsydd. En annan lapp kommer kanske från en blommig klänning. Dessa och några andra lappar har sytts samman till ett block. Varje block är som en mönsterbild i sig och hopsydda blir de, trots sin brokiga mångfald, en komposition, ett lapptäcke. Man tog vad man hade, ylle, bomull och alla de sorter. Ibland fick man skarva för att få ihop det, huvudsaken var att färgerna stämde. Men hur kommer det sig att ett gammalt lapptäcke nästan alltid är vackrare än ett nytt, fräscht, exakt, hållbart, sytt av nyköpta tyger? Kanske är det så att sprödheten, lagningarna, den ojämna blekningen efter år av bruk och tvätt gett en patina, en impregnering av liv.

Spelet mellan mörkt och ljust, mönstrens och färgernas skiftningar, stickningarnas böljande rytm kan påminna om prakten och oregelbundenheterna i en gammal persisk nomadmatta. På samma sätt är lapptäcket en gåtfull formvärld, skapad av yttre och inre nödvändighet.

En äldre herre, Matts Carlander i Falun, har berättat för mig: "En gumma på Gamla Herrgårn i Falun, Lina Wikström, sydde mycket lapptäcken och sålde även. När hon skulle välja mönster och bestämma hur hon skulle sy, då skulle hon vara alldeles ensam."

Allt tydligare har det gått upp för mig att lapptäckena representerar en av de få möjligheter en kvinna i det sena 1800-talets allmogesverige hade att skapa något helt och synligt.

När alla dagens plikter var utförda, när barnen lagt sig, alla strumpor stoppats och kläder lagats, hade en bondhustru inte ens korta stunder av fritid. Ändå såg hon till att få en stund över. Att ägna sig åt estetiska utsvävningar betraktades som förspilld tid, men att sy ett täcke av överblivna lappar var något nyttigt och där i skarven, ja just i skarven, fanns ett litet land av frihet och skapande. Att väva trasmattor var ett annat sätt att ta tillvara tygrester, men då blev bitarna från klänningar och blusar bara en strimma, i lapptäcket däremot blev fragmenten synliga. Kanske var det enda möjligheten för många kvinnor att arbeta med form och färg, att skapa en komposition. Kanske var det till och med behovet att uttrycka sig abstrakt i en påtaglig, slitsam, flärdfri vardag, att utan att ha ord för det uppleva rytm, geometri – till och med matematik – kontrast, balans, symmetri och asymmetri. Och att se dessa stunder och tygfragment växa fram till något stort och helt och vackert.

Stjärna ur ett lapptäcke. Nordiska museet. Foto: Mats Landin.

Hur man gjorde ett lapptäcke

Barbro Ager-Ländin

Lusten att sy ett lapptäcke kanske väcktes av anblicken av en bunt tygbitar, rester efter klädsömnad. Behovet av ett lapptäcke kanske uppstod för att man inte hade material till att väva ett, och i stället hade slitna kläder att skapa något värmande av. Om det var kreativitet eller armod som skapade de flesta lapptäckena vet vi inte i de flesta fall, även om många täcken har en historia. För att kunna sy ett lapptäcke måste dock tillgång på material, redskap, handlag och fantasi vara god för att lapptäcket ska ha både vacker framsida, värmande stoppning och en baksida vars sticksöm nästan är lika fin som på framsidan.

Ett lapptäcke kunde sys under mycket primitiva förhållanden. Nål, tråd och sax behövdes, tyg till fram- och baksida, och så något att fylla täcket med. Var man väl utrustad hade man också en symaskin, gott om tyger att välja på, täcksatin till bårder och kanter, enfärgat tyg till baksidan, en stickbåge att spänna upp täcket i, ett paket fin vit bomullsvadd till stoppning och en rulle björntråd till sticksömmen. Ett lapptäcke kunde det bli under båda omständigheterna, men det mer primitivt framställda slets antagligen ut omgående, medan det senare kanske ärvdes av barnbarnen.

Stickat täcke (183 x 160 cm) i satinvävt rött ylle med mallarna som använts vid stickningen 1898. Sytt av Märtha Olsson, född 1869 i Åkre, Forsa, Hälsingland.

Sticksöm

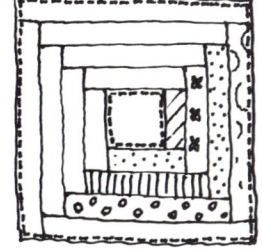

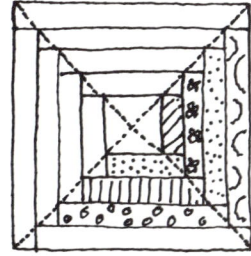

Sticksöm, bestående av förstygn eller efterstygn, användes i Sverige under 1600- och 1700-talen mest som en form av dekorativ söm och räknades in bland broderiteknikerna. Många siden- och bomullstäcken syddes i högreståndskretsar till bröllop och användes för det mesta som överkast. Täckenas översida bestod då ofta av ett enda tygstycke, och sticksömmen, ibland kombinerad med silkebroderi, bestod av mittmotiv, bottensömmar och bårdmönster runt ytterkanterna.

När sticksömmen överfördes till andra material såsom linne och ylle och stoppningen blev tjockare (den kunde bestå av linblånor och kardad ull) så blev sticksömmen grövre. Man sydde med lintråd och tog stora stygn och gjorde enklare mönster.

Under senare delen av 1800-talet ersattes fällar med sticktäcken och man vävde ibland själv täckets översida, om man inte hade råd att köpa en täcksatin eller ett tryckt bomullstyg. Under 1900-talet fick man tillgång till särskilda täcktyger och även till bomullsvadd i paket. Sticktäcken syddes i många svenska hem fram till 1950, som en del av hemgiften och de hemmaproducerade textilierna för bädden.

När lapptäcken stickades i täckbåge sydde man ofta runt varje mönsterblock och runt några av de lappar som ingick i mönsterblocket. På stockhusrutan sydde man runt mitten av mönstret, och i de flesta fall stickades ränder eller ett fristående mönster runt ytterkanterna på täcket. De kvinnor som sydde många lapptäcken utvecklade egna mönster och stickade mer avancerade mönster än den mer ovana stickerskan. Så stickades stockhusrutan på diagonalen i stället, så att sömmarna möttes på mittrutan. Fria mönsterformer ritades upp på papper, klipptes ut och ritades av på täcktyget med skräddarkrita.

Märta Olsdotter i Forsa sydde många täcken och hennes mallar finns bevarade. De är utklippta ur modejournaler och sockerpaket från 1800-talet. Hon ritade bladmönster, eklöv, stjärnor eller snäckor och kombinerade dessa mönster på olika sätt. En del av hennes täcken finns också kvar.

Man använde björntråd eller lintråd och sydde med lång synål. Barn och ibland vuxna satt under stickbågen för att lyssna på stickerskornas samtal, kontrollera stygnen och hjälpa till att sticka upp nålen från undersidan. För att få raka linjer att sy efter kritades en lång tråd som spändes över täckets överdel och släpptes ner så att en vit markering bildades som man sedan sydde efter. Föremål i hemmen – en kaffekopp, trådrulle eller fingerborg – användes som rund form och ritades runt för att dekorera bårder och bottnar. Mönstret kunde också ristas på tyget med en trubbig nål. Ibland kombinerades sticksömmen med puskor och tofsar. Många täcken blev också knutna över hela täckytan. Man använde ullgarn eller bomullsgarn.

Nioruta med puskor från Vittja, Tuna socken, Uppland.

Sticksöm på lapptäcken och sticktäcken. På brudtäcken syddes hjärtan, stjärnor och klöverblad.

Stickning av lapptäcke i stockhusmönster. Foto: A. Steijern, Nordiska museets arkiv.

Stickbågen

För att lättast kunna sy samman ett täckes tre lager – översida, stoppning och baksida – var det vanligt att man använde sig av en stickbåge. Den kunde också kallas stoppstol, täckbåge eller täckram och har varit spridd i hela landet. Den enklaste varianten var en enkel träram i täckets längd, men det var inte ovanligt att stickbågarna också hade spänntrissor och ben. Bågarna tillverkades vanligtvis också i hemmen.

Att det inte behövde vara så krångligt att göra sig en stickbåge berättas från Hässleholm: "Vid mitt giftermål i början av 1950-talet hjälpte jag min svärmor, f. 1893, med detta arbete [att sticka täcke]. Ramen som hon använde, hade tillverkats av min svärfader, och utgjordes egentligen bara av två delbara, skalade hässjestörar, som sedan klämdes ihop, och sattes ordentligt fast med en skruv i varder ändan."

Stockhusrutan syddes på ett bakgrundstyg, som kunde vara gammalt och slitet. Skjortor, förkläden och gardintyger användes. Detta är baksidan av ett lapptäcke som tillhör Kållereds hembygdsgille.

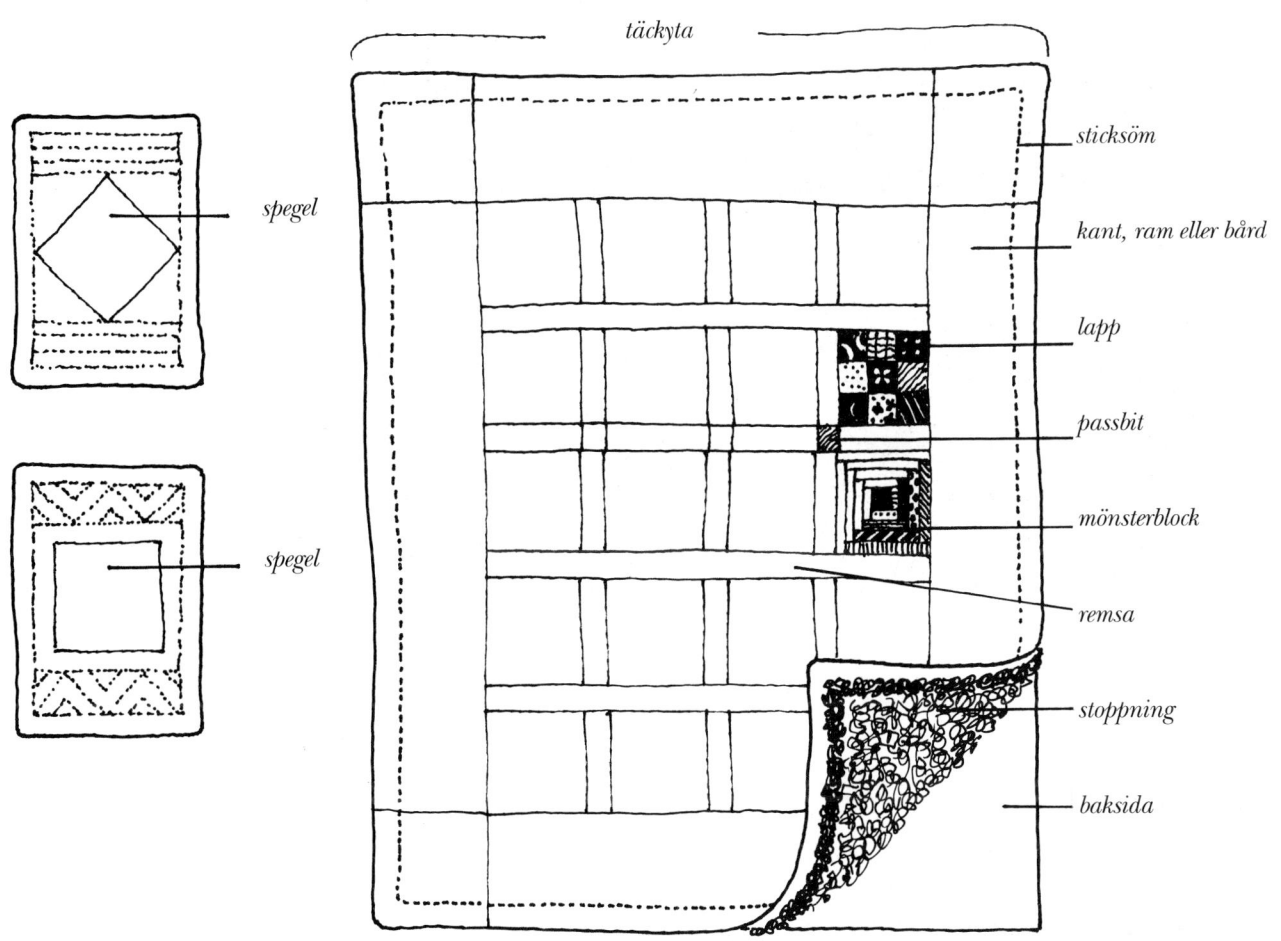

Täckets anatomi

Det är många som minns att det stickades täcken i hemmen. Från Byske berättas: "Att stoppa täcken var en speciell konst. Arbetsredskapet kallades stoppstol. Den hade sträckanordning och var tillverkad i bordshöjd. Så sent som på 1950-talet anordnade Hushållningssällskapet genom sina hemkonsulenter kurser i täckstoppning. Nya täcken kunde användas till överkast. En art av täcken var s. k. lapptäcken med fyrkantiga lappar i glada färger."

Martha Utterfors i Halmstad, som är född 1903, berättar om hur det gick till: "När man sydde ett täcke gjordes först baksidan. Vanligen gjordes den av en eller två sorters tyg, kanske lät man baksidan 'gå fram' om det fanns mycket tyg till den. Tyget spändes sedan mellan de fyra träspjälorna så att det blev fast och lades på stolar. Sedan lade man ut bomullen (tvättad om det behövdes), det var noga så att täcket blev jämnt. Sedan lades övertyget på och alltihop rullades från två sidor såpass smalt att man kunde sy. Fortfarande fick man känna efter så att täcket var jämnt."

Fanns det ingen stickbåge att tillgå lades täcket på ett bord under stickningen, ju större bord desto bättre.

Runt en stickbåge kunde flera kvinnor sitta, en samvaro som gav varm gemenskap och avspända samtal.

I stora salen hos biskop Lindblom på Brunneby i Vreta kloster är stickbågen uppställd. Akvarell av Isak Kiölström 1797. Östergötlands länsmuseum. Foto: Statens konstmuseer.

Ur Gösta Berlings saga av Selma Lagerlöf

"Kära vänner! Bland allt gott jag önskar er vill jag först nämna en täckbåge och ett roskvarter. En stor, ranglig, gammaldags täckbåge med nötta gängor och kantstötta trissor önskar jag er, en sådan, vid vilken fem, sex personer kunna arbeta på en gång, där man syr i kapp och tävlar om att få vackra stygn på avigsidan, där man äter stekta äpplen och pratar och 'reser till Grönland' och 'gömmer ringen med förbehåll' och skrattar, så att ekorrarna borta i skogen falla huvudstupa till marken av förskräckelse. En täckbåge för vintern, kära vänner, och ett roskvarter för sommaren! Inte en trädgård, där måste man lägga ner mer pengar, än nöjet är värt, nej, ett roskvarter, såsom det hette förr i världen! Ni skulle ha ett sådant, som ni skulle kunna sköta med egna händer. Små törnrosbuskar skulle stå på toppen av de små jordkullarna och en krans av förgätmigej ringla fram runtom deras fot, där skulle den stora, flaxiga vallmon, som sår sig själv, komma upp överallt, både på gräslisten och i sandgången, och där skulle finnas en brunbränd torvsoffa, i vilken det skulle växa aklejor och kejsarkronor, både i sitsen och på ryggstödet.

Gamla fru Moreus var på sin tid ägare till många ting. Hon ägde tre glada och flitiga döttrar och en liten stuga vid vägkanten. Hon hade en samlad styver på kistbottnen, styva silkesschalar, rakryggade länstolar och kunskap i mångahanda, som är nyttigt att veta för den, som själv måste förtjäna sitt bröd.

Men det bästa hon ägde var täckbågen, som gav henne arbete året om, och roskvarteret, som gav henne glädje, så länge sommaren varade."

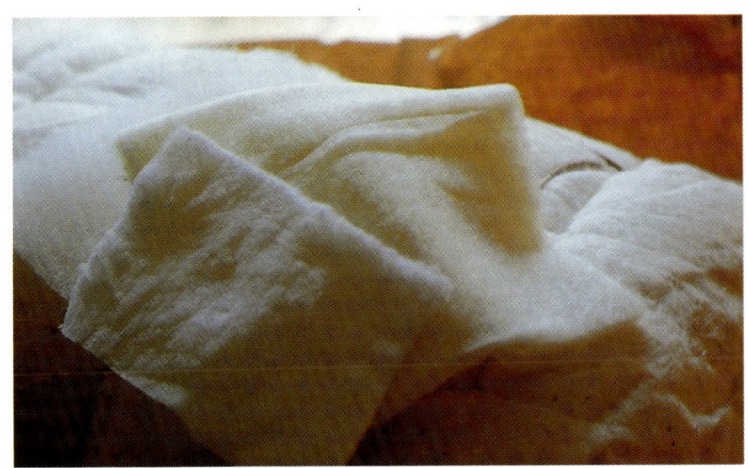

Olika typer av vadd använddes som stoppning i täcken.

Vadd

De flesta lapptäcken som syddes i Sverige skulle ha funktionen att värma och sticksömmades därför med ett ganska tjockt mellanlägg. Ibland byttes vinterns fårskinnsfäll ut mot ett vaddtäcke till sommaren. I de kalla bostäderna måste man använda både filt och vaddtäcke för att hålla bädden varm om vintern.

Som stoppning i täcken användes kardad ull, om man hade tillgång till det, eller linblånor. Dessa båda material kunde också blandas och blånorna gjorde att täckena blev tunga. Bomullsvadd köptes i bruna paket i lanthandeln eller tygaffären. Innehållet i ett paket var lagom till ett enkelsängstäcke. Om man spann bomull i hemmet användes de sämsta delarna av bomullen till stoppning. Djurhår kunde också ingå, hår av ren, älg och hjort. Att sända utslitna kläder och stickade ullplagg till en fabrik som rev det till raffelstopp var vanligt, men det ansågs inte lika fint som att använda bomullsvadd. Raffelstoppet var oftast grått till färgen, blev stabbigt vid användandet och var tungt. Slitna och smutsiga täcken kläddes om med nytt tyg och man sprättade ibland bort allt tyg för att kunna karda om vadden så att den blev porös och lättare att sy i.

Gamla vävnader, filtar och delar av klädesplagg syddes in som stoppning om vadd saknades. Omkring 1960 introducerades polyestervadden som mellanlägg i lapptäcken, men det är allt fler lapptäckessömmerskor som finner skäl till att återgå till de gamla naturmaterialen.

En miniatyrstickbåge med ett docklapptäcke under arbete. En sådan liten stickbåge kunde också användas som broderibåge.

Teknik

Det enklaste lapptäcksmönster man kan sy, att enbart använda sig av fyrkantiga tygbitar, har också varit det vanligaste. Tygruta lades på tygbit och så klipptes den ena biten till efter den andra tills en tillräcklig mängd erhållits. Man bytte tygbitar med varandra, för en bit tryckt köpetyg fick man ge två bitar hemvävt. Tryckta tyger var dyrbara intill 1900-talets början, då också symaskinen blev vanligare i hemmen. De enkla fyrkantiga tygbitarna sattes ihop ljus mot mörk i långa remsor som sedan fogades ihop tills täckytan blev lagom stor till en säng. Om man hade råd inköptes täcktyg, oftast bomullssatin, till ytterkanter på täcket och en oblekt tuskaftad bomullsväv till baksidan. Tygaffärer och omkringresande försäljare sålde också rektangulära provlappar som skurits på snedden. Dessa syddes samman till lapptäcken. Man blandade då ylle med bomull, och fanns det sammet eller siden att sätta in i täcket placerades detta i mitten där det glänste bäst.

Anledningen till att stockhusrutan är det mest spridda lapptäcksmönstret i Sverige, ja kanske i hela världen, är dess förmåga att kunna bestå av alla sorters tygkvaliteter och att den är lättsydd. Mittrutan skulle helst vara röd och man började med att välja ut alla mittrutor. Hade man en bit sammet klipptes denna till fyrkantiga mittrutor, men det var vanligt att man fick använda flera olika sorters tyger till dessa. Stockhusrutan har i de gamla täckena alltid sytts på ett fodertyg som har kunnat bestå av gamla glesa gardiner, utslitna skjortor eller slitna bitar av lakan. Remsorna som sys på runt mittrutan består på två sidor av ljusa tyger – skjorttyger, blusar, förkläden, barnkläder – och på de andra två av mörka remsor av ylle och andra, oftast tjockare kvaliteter.

Två andra mönster som har sytts på fodertyg är ett sorts remsmönster och "toktäcken". Remsmönstret består av remsor som är diagonalt påsydda på ett fyrkantigt bottentyg. Remsorna kan vara mellan en centimeter och sju – åtta centimeter breda, och beroende på hur blocken monteras kan ett timglasmönster eller en diagonalrand erhållas. "Toktäcken" har sytts av slumpmässigt tillskurna tygbitar som kunde vara i ganska tjocka kvaliteter. Över tygkanterna syddes sedan dekorsömmar, mest variationer på kråkspark och fria broderier. Mönsterformer som har varit vanliga i lapptäcken är hexagoner (sexkanter) och romber. Mallar har klippts ut i papper, tyget, ofta siden, har klippts ut med sömsmån och sedan har det spänts eller kastats fast runt mallarna.

Metoden har kallats "den engelska", men i England använde man tunnare papper och sydde fast tyget genom papperet. I Sverige spändes hexagonerna ofta över mallar gjorda av spelkort eller julkort. De monterade bitarna kastades ihop med fina stygn från baksidan och sattes ihop till blommor. Romberna blev till stjärnor som monterades ihop med remsor och rutor till vackra täcken.

Denna form av sömnad kallas lappmosaik, en vanlig benämning på föremål sydda av lappar. Hur man sydde dessa finns beskrivet i handarbetsböcker av typ Handbok i fruntimmers-handarbeten som utkom 1873–74. Där står att man bör använda "kulörta siden-, sammets- och yllelappar. Af dessa kunna mångfaldiga föremål förfärdigas, såsom sängtäcken, fotvärmare eller s.k. couvre-pieds, bordtäcken, soffdynor o.s.v." Därmed förstår man vilken samhällsgrupp detta riktar sig till, för varken sammet eller couvre-pieds hörde till det som nyttjades i en torparstuga. Att sedan mönstren utvecklades och spreds i olika miljöer i samhället kan man se på att samma former har använts, men att kombinationerna av tyg och mönster får olika uttryck i olika material och proportioner beroende på tillgång på material och kunskap.

Triangeln är en annan form som har använts i lapptäcksmönster. Trianglarna sätts ihop ljus mot mörk två och två eller fyra och fyra. De fyrkanter som då bildas sys ihop till långa remsor. Planerar man noga sitt täckes mönster med trianglar, klipper till exakt efter pappmallen, har god tillgång på tyg och syr omsorgsfullt blir det ett stiligt och vackert mönstrat täcke. Om man i stället syr ihop trianglar i de tyger man har utan större planering, inte är så noga och kanske får skarva här och där, så blir det till slut i alla fall en täckyta och ett färdigt täcke som tilltalar oss på ett mycket personligt sätt. Elisabet Larsson sydde 1898 ett täcke av sin mammas gamla klänningar, där den blå finklänningen i form av trianglar vackert insatta mot den mörka bakgrunden bildar stjärnor (se bild sidan 108).

Tekniskt sett är det svårare att sy lapptäcksmönster med runda former. Det som sytts har varit solfjädersmönstret, som antingen kan sys över pappmallar för hand eller på maskin. I bägge fallen måste ett bakgrundsmönster följas noggrant. Ett av de bästa exemplen på runda former kan ses i ett täcke från Sörmland där man har haft tillgång till färgstarka tyger och ett kraftigt mönstrat täcktyg till ytterbård.

Mönster

Åsa Wettre

Många har frågat mig om man kan urskilja några regionala särdrag när det gäller lapptäcksmönster. Det är nog omöjligt att svara på den frågan. Mycket beror naturligtvis på vad som finns bevarat och vad man råkar få se. Det är många mönster som förekommer i något enstaka lapptäcke – och sådant tillhör undantagen, ofta kan man spåra uppkomsten, det kan till exempel ha något att göra med en hemvändande emigrant, mönstret kan ha tagits med hem från Amerika och sytts här hemma av svenska tyger (se sidan 130, Nicaragua).

Många sidenschalstäcken förekommer i Roslagen och i Hälsingland, men de kan även dyka upp på andra håll, till exempel på Tjörn. Ibland kan man finna många täcken med ett visst mönster i ett landskap och man undrar varför. Det visar sig då att det bott en särskilt duktig och flitig lapptäckessömmerska där som levde på att sy täcken. Jag tänker till exempel på alla stjärntäcken som kom fram vid inventeringen i Skaraborgs län (1990–91), där Mari i Stenbacken i de flesta fall kunde ta åt sig äran (se sidan 106). Det var annars hos de högre stånden som stjärntäcken förekom, sammansatta av romber och hexagoner (sexhörningar). Oktogoner (åttahörningar) och romboider förekom också. Hos allmogen sydde man oftast av enkla rutor, kvadrater och rektanglar, var för sig eller tillsammans, kvadrater i kombination med trianglar eller bara trianglar som ibland blir timglasmönster.

Kvadraterna kunde man sy i en ruta – enlappsmönster – fyra rutor i kvadrat – fyrlappsmönster – eller nio rutor i kvadrat – niolappsmönster. Alla dessa kvadrater kunde kombineras med trianglar och då kunde det bland annat bli stjärnmönster. Men det allra vanligaste var ändå stockhusmönstret (eller som det också kallas blockhus). Att stockhusmönstret varit så populärt beror nog på att man i detta har kunnat ta reda på de allra minsta lapparna. Dessutom är det roligt att sy. Man börjar med att sortera sina trasor i ljusa och mörka. Därefter klipper man remsor. Då kan man ta en lämplig linjal till mall, man behöver inget mönster när man väl förstått tekniken – det är enkelt att sy ihop remsorna till ett block. Några stockhusmönster är raka spår eller fåror, ljust och mörkt, takstolar eller husbygge, men det finns oändligt många varianter! Ytterligare några mönstervarianter är till exempel ananas eller väderkvarnsvingar. I Sundsvall dök ett mönster upp som är en kombination av dessa två (se sidan 104). Någon gång hittar man en helt egen komposition, som Berta Larssons mönster på det blåa täcket (se sidan 116).

Någon annan forskare får göra statistik och pricka in mönsterförekomster på Sveriges karta. För mig har lapptäckena inneburit att vår kvinnohistoria blivit levande tack vare historierna och ödena som hör ihop med täckena.

Variationer på kvadrater och rektanglar

Variationer på trianglar

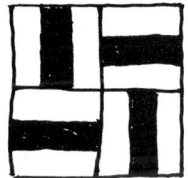    

Variationer på remsor

  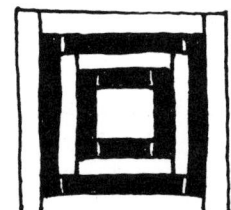  

Variationer på stockhusmönster

Variationer på stjärnor av kvadrater och trianglar

  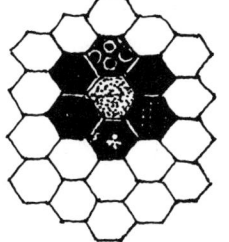 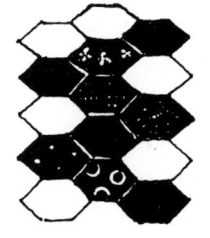 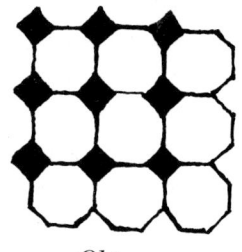

Variationer på stjärnor av romber med kvadrater och trianglar   *Hexagoner*   *Oktogoner*

Brudtäcke från 1918

När Hilda Söderström i Söder-Marjum år 1918 skulle gifta sig med Gustav Jansson sydde hon ett av de märkligaste täcken som gjorts i Roslagen. När Hilda planerade täcket fick hon nog hjälp av sin far. Hon letade efter material i skåp och kistor och fann gamla bindmössor som kom ur bruk på 1870-talet. Hon sprättade bort det tambursömsförsedda sidenet och de breda sidenbanden som satt baktill på mössan. En svart sidenschal klipptes upp i fyrkanter och trekanter, på en vit sidenschal använde hon den mönstervävda bården och vita fyrkanter, lika stora som de svarta. Till bårder och kanter köptes en vacker blekblå bomullssatin och till baksidan en svagt varmgul bomullsväv. Till stoppning i täcket inhandlades ett paket vit bomullsvadd.

Hildas täcke stickades med förstygn och broderades med knutsöm. Brudparets initialer syddes överst i en svart sidenbit och i mitten av täcket, broderat i knutsöm, står att läsa: "ANNO 1918." Täcket är fortfarande mycket vackert och det har bara använts enstaka gånger till gästtäcke.

Brudtäcken i Roslagen

Barbro Ager-Ländin

I många kistor och skåp i Roslagen finns sidentäcken förvarade. De har av hävd vårdats och de har sällan slitits ut i vardagen. De syddes en gång till ett bröllop, av bruden själv, av hennes mor eller väninnor. Gertrud Grenander Nyberg skriver i boken Lanthemmens prydnadssöm: "Då man skulle sticka ett täcke, brukade man komma samman till arbetsgemenskap, ofta under ledning av en specialist på orten. Så kunde t. ex. den blivande bruden få hjälp av sina väninnor, då brudtäcket eller gästtäcket skulle tillverkas." Hon skriver också om varför man lade ner så mycket arbete på brudtäcken: "Enligt rättshistorikern Lizzie Carlsson var sängledningen en förkristen rättsakt som behållits långt efter kristendomens införande. En sådan ceremoni, då bröllopsgästerna följde brudparet till brudsängen, skall ha förekommit i allmogemiljö så sent som 1917 i en smålandssocken. Vid sådana tillfällen torde inte bara brudparet utan även brudsängen ha tilldragit sig stor uppmärksamhet. Den skulle vara så vacker och rikt smyckad som möjligt, gärna överbredd med ett konstrikt förfärdigat täcke."

Bröllopstäcke sytt 1885 av Kristina Jansson-Blom, Edsbro. 200 x 140 cm.

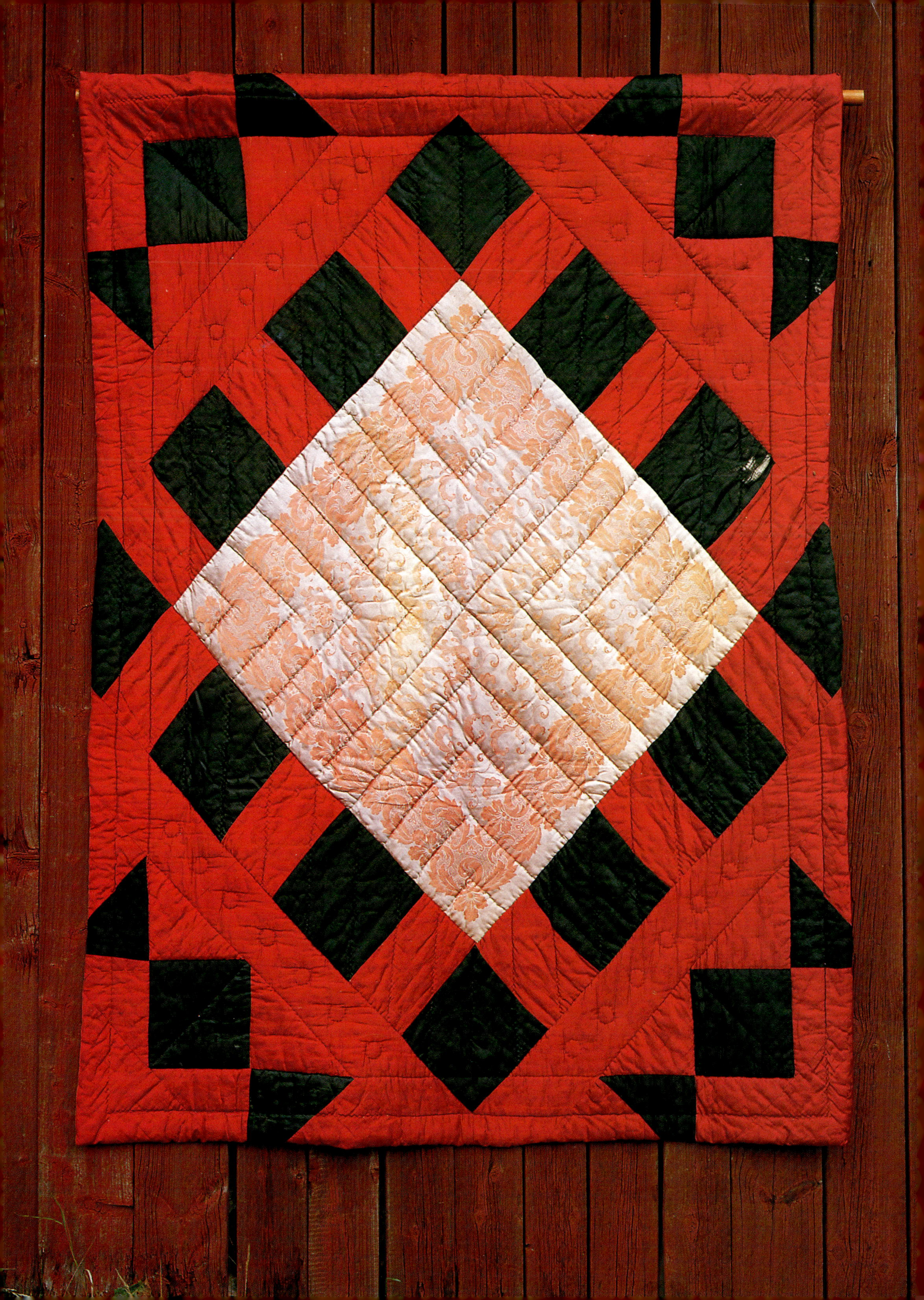

Ett par bröllopstäcken sydda till bröllopet mellan Anders Petter Olsson från Herräng och Anna Sofia Olsdotter den 26 april 1896. Paret bosatte sig i Bredsund. 194 x 192 cm.

Det äldsta kända brudtäcket i Roslagen av denna typ är ett täcke som finns på Roslagsmuseet. Det består av bitar av bindmössebroderier, en del halvfärdiga. Täckets väg i en släkt kan spåras från 1700-talets slut. Man blandade också bitar av bindmössor med delar av sidenschalar i brudtäcken, som sedan när de stickades i stickbågen dekorerades med hjärtan, klöverblad, ekblad och stjärnor (se sidan 25).

Inför Hedda Klinckowströms bröllop i juli 1798 skriver hon i sin dagbok: "Men här är ändå redan förberedelserna i full gång, här sys och snörpes och väfves hvart man kommer i huset – brudtäcket sattes opp i Måndags och det är profningar och rådplägningar dagen i ända (...) Det är varmt och odrägligt oppe i stora väfkammaren, der täckbågen är uppspänd – flugorna surra i fenstren och mamsell Stafva pratar i ett – gnatar och grälar på pigorna, som sitta och sy och vänder sig oupphörligen till mig – 'tycker nådig Fröken att det här blir bra? – eller kanske vi ska göra ekbladen i kanten lite mindre?' – jag bryr mig inte ett dugg

Täcke sytt av en bomullsschal. Stickat med hjärtan och kantat med tryckt bomullstyg. Häverö. 1870-tal. 196 x 151 cm.

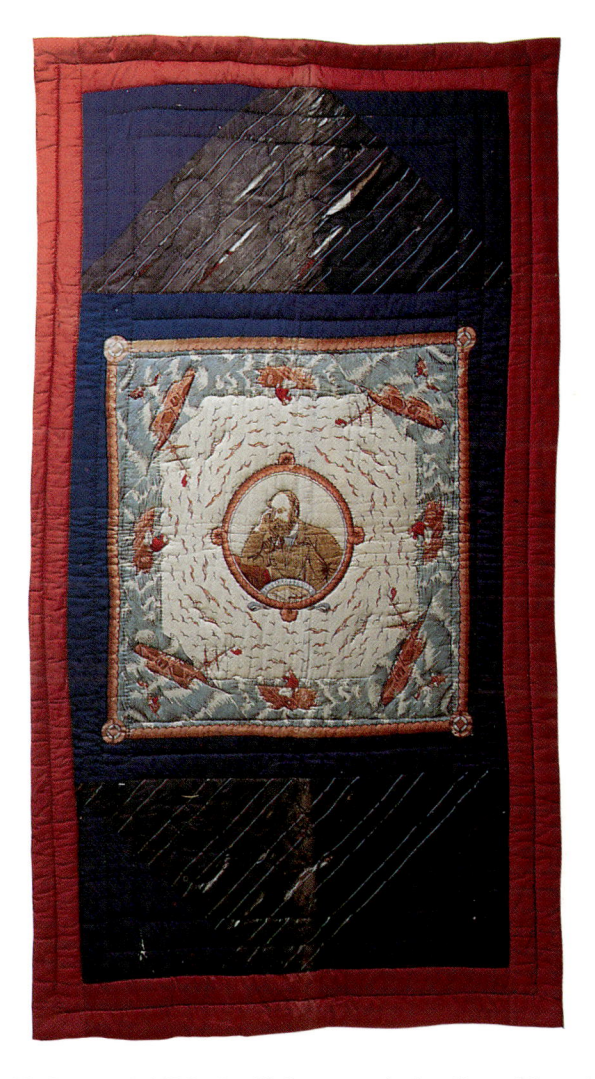

Täcke sytt på 1890-talet till skepparen Anders Petter Olsson i Bredsund, förmodligen av hans hustru Anna Sofia. Bilden på schalen av bomull i mitten föreställer Samuel Plimsoll. Ett gammalt täcke finns under det översta tyglagret. 203 x 114 cm.

om hur stora ekbladen bli eller hur smala veck på brudgumsskjortan, som Mormor tycker att jag ska sy sjelf– 'annars blir det ingen lycka'."

Att man tog det bästa tyg man hade till brudtäcken var alldeles självklart, en fin tryckt bomullsschal eller en vävd i siden. Att kvinnorna i Roslagen i så stor utsträckning kunde sy in sidenschalar i sina brudtäcken berodde kanske på att de sjöfarande männen tog med sig schalar hem från sina resor. En gift kvinna kunde heller inte använda samma schalar som gift som då hon var ungmö, de färgrika schalarna byttes ut mot mörkare, oftast svarta.

Brudtäcken användes enbart till bröllopssängen och ibland togs de senare fram till finare gäster. Det berättas att i en familj i Västmanland på 1800-talet fanns det sex döttrar som i ungdomen sydde var sitt brudtäcke. Endast två av dem gifte sig och de andra täckena blev liggande på kistbotten.

Carolina Carlsdotter från Senneby gifte sig 1858 med Matts Ersson från Massum. Gamla bindmössor och band användes som dekor på detta brudtäcke. Matts nyckelharpsband och Carolinas mössband användes i täcket. Foto: Barbro Ager-Ländin.

Täcke sytt av tambursömsbroderier avsedda för bindmössor. Troligen sytt på 1780-talet i Frötuna. Täcket tillhör Roslagsmuseet. Foto: Curt Lundblad.

En del familjer har brudtäcken från flera generationer i sin ägo. I Bredsund finns en intressant liten samling, i vilken ett av brudtäckena är hopsatt av bomullsschalar. Det är stickat med hela spegeln full av lite oregelbundna hjärtan. Täcket är från mitten av 1870-talet. Nästa generation sydde två täcken med infällda sidenschalar och de gjordes till ett bröllop 1896. Man stickade schalarna i de vävda mönstren, det ena rutigt och det andra med blomrankor. Runt bårderna stickades speciella bladmönster på de svarta sidenschalar som omramar spegeln. Samma former har stickats på ett ganska smalt täcke som syddes till brudgummen. Han var skeppare, och som spegel på hans täcke har man använt en ovanlig tryckt schal med ett porträtt av engelsmannen Samuel Plimsoll, en man som lagstiftade mot överbelastning av fartyg. Schalen är förmodligen från 1870-talet och en av de få i sitt slag som har överlevt, just därför att den användes i täcket.

De senast tillverkade brudtäckena i siden med vacker stickning gjordes i Roslagen omkring 1925. Då upphörde sedvänjan att bädda bröllopssängen med ett fint arbetat täcke.

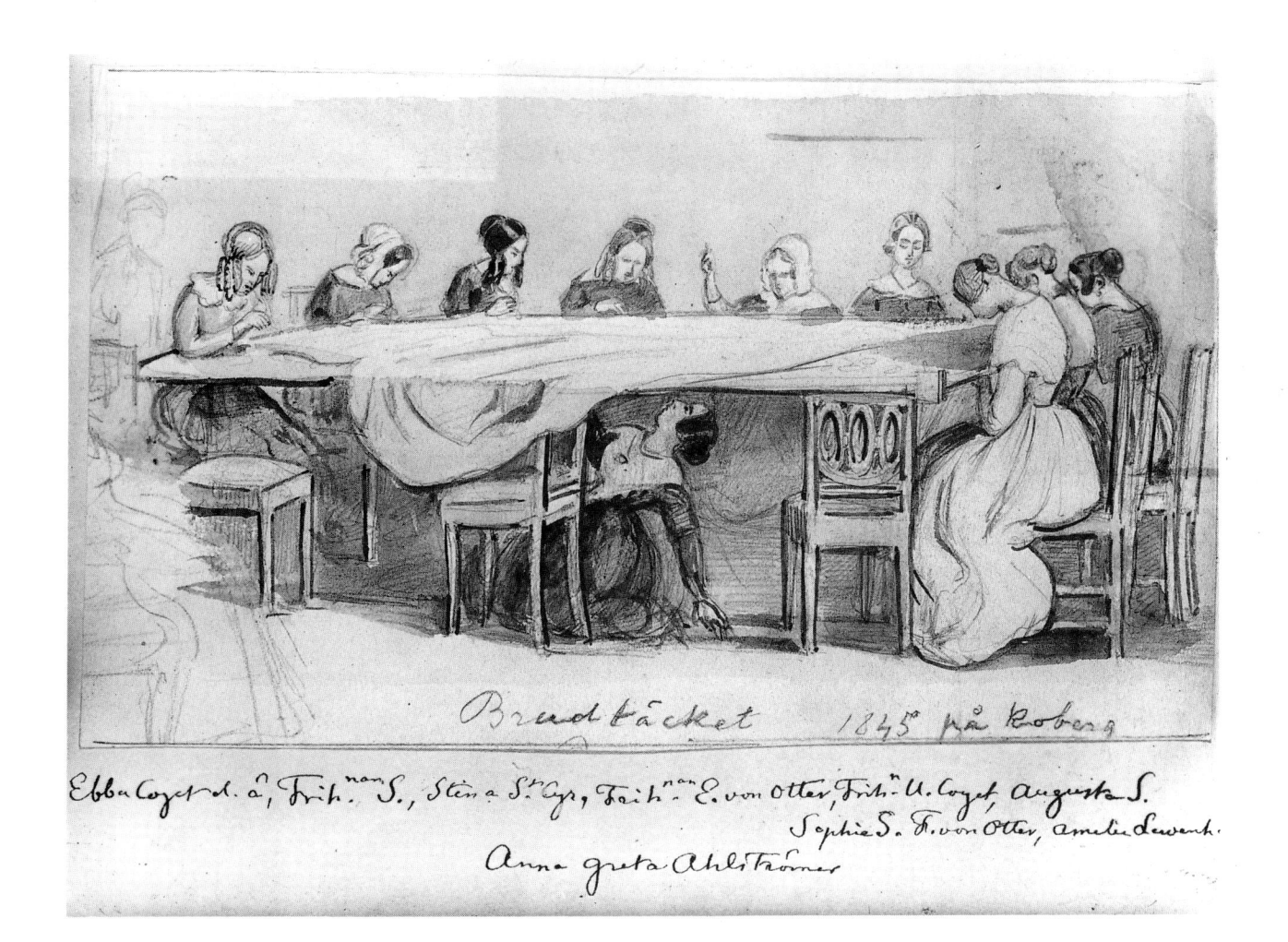

Brudtäcket 1845 på Koberg. Lavering av Fritz von Dardel. Foto i Nordiska museets arkiv.

Ur Utvandrarna av Vilhelm Moberg

"Rågen stod hårdmogen, i fara att rinna ur axen. De måste bära sig varsamt åt vid skärningen, så att ingen ovärderlig brödsäd skulle förfaras. Karl Oskar och Kristina tog sticktäcket från sängen med sig ut på åkern och bredde ut det på stubben framför lieskåran. De flyttade täcket undan för undan, så att de avhuggna stråna föll på det och blev liggande kvar medan de bands till kärvar. Så samlade sig alla rågkorn som föll ur axen på sängtäcket och blev tagna tillvara. Och Kristina plockade upp varje avbrutet ax från marken, och lade det i sitt förkläde.

Till kvällen hade de samlat ihop en kanna spillråg på täcket. Det blev säkert ett par brödkakor. Och rågen gav inte mer än tredjedels gröda detta missväxtår. Vad skulle inte en brödkaka bli värd när vintern kom?

Kristina knöt ihop täcket i hörnen till en påse och bar hem det under armen. För fyra år sedan hade det varit hennes brudtäcke, höljet för första natten samman med maken, då hon förvandlades från ungmö till hustru. Nu var brudtäcket med och samlade ihop makarnas bröd på åkern. Det hörde nära samman med deras liv."

Lapptäcke från Emmaus i Småland. Antagligen sytt av en skräddare av provlappar till kostymtyger.

Män och lapptäcken
Åsa Wettre

Ofta har jag fått frågan om män också sytt lapptäcken. Och visst har de gjort det! Här kan vi läsa om en sjöman som sydde lapptäcken i sin ungdom. Men även soldater sydde lapptäcken, som vi kommer att se i Eva Hallströms avsnitt på sidan 44.

Medan soldater väntade på att dra ut i fält förekom det att de arbetade som skräddare. Och skräddare fick ta vara på smålappar som blev över när man sydde kläder. Av dessa lappar sydde de lapptäcken. Skräddarnas tygprover användes också till lapptäcken. Det var inget konstigt med det.

När jag har rest runt Sverige med min utställning har jag träffat män som syr lapptäcken. Men ni ska inte tro att de syr på samma vis som damer. För det mesta har de hittat på något eget som att skära mallarna av korkmatta eller att konstruera ett alldeles eget mönster eller någon annan fiffig uppfinning. Jag minns herrar i Angered, Mellerud, Kalmar, Sundsvall, Varberg och så vidare. Fruarna var också med, men det var männen som bestämde över täckena. Det vanligaste är annars att männen (som kanske har något tekniskt yrke) hjälper sina fruar med mallar. Kanske är de matematiker, i så fall hittar de på nya mönster.

Det var som när jag var ung och vävde mycket. Jag kommer ihåg att alla eventuella pojkvänner alltid skulle konstruera om vävstolarna så att de nästan blev maskiner. Det fick inte bli vid det gamla, något nytt måste hittas på. Så har jag upplevt dessa män som sytt täcken också, men trots uppfinningsrikedomen tror jag nästan alla har sytt för hand. Så nog syr män lapptäcken, och visst måste vi unna även dem det nöjet.

Samtal med Börge Tofte-Hansen, Uddevalla

Jag träffade Börge på utställningen i Mölndal. Han berättade:

"När jag var ung, ja bara 14 år, stack jag och min kamrat till Malmö från Danmark för att mönstra på en segelskuta 1928. Skutorna hette Karin från Sölvesborg och Inga från Skagen. Bland annat 1931–32 minns jag att jag seglade Göteborg-Argentina och under frivakten satt en äldre båtsman och jag och sydde lapptäcken på däck. Vi sydde för hand för det mesta. På den tiden hade man ju gott om tid ombord. Att stoppa och sticka strumpor var inget ovanligt, att laga sina kläder och sy i knappar var ju en vanlig företeelse, så allt sådant husligt arbete var vardagsjobb för en sjöman under min tid till sjöss. Vi hade också en trampmaskin och på den reparerade vi seglen. Att sy lapptäcken var ju ganska kul, tyckte jag. Vi sydde så gott vi kunde.

Chiefstewarden eller kocken ombord hade hand om 'slappkistan' med kvarlämnade kläder från sådana som försvann från båten, de rymde, dog eller mönstrade av, och på den tiden skickade man aldrig hem något som blev kvar. Av dessa gamla kläder klippte vi lappar och sydde ihop för hand till kojtäcken. Det var lappar av byxor, skjortor och rockar. Vi hade inga mönster, utan täckena blev hur som helst. En gammal båtsman lärde oss. Vi kunde vara ute tre till fyra veckor, och på den tiden kunde ett lapptäcke bli färdigt. Vi köpte några grova hästfiltar i England och använde som innanmäten. De var vassa och stacks, men vi sydde ihop det så gott vi kunde, med ett annat foder på baksidan.

På den tiden när jag började på sjön fick jag 24 kronor i månaden – inte ens en krona om dagen. Vi bodde i hytter på 20 kvadratmeter med tolv fasta kojer och ett bord i mitten. Jag hade en sjömanskista att ha mina egna saker i. Av de tolv kojerna var det väl ungefär fyra som hade lapptäcken, så kallade kojtäcken. De andra var avundsjuka för de ville också ha kojtäcken, men de var lata och ville inte sy några själva. En del vill ju ha allt till skänks utan att anstränga sig alls. På den tiden fick sjömännen ha med allt ombord till sig själva och sina kojer. Man hade till och med sin egen madrass med ombord. En gång när jag mönstrade av på Island blev lapptäcket kvar ombord. 1938 var första gången jag fick 2000 kronor i inkomst för ett helt år. För varje period man var ute förbättrades livet ombord. En gång kom jag till en hytt som inte hade någon matta innanför dörren. Då gick jag och frågade efter rep och sedan gjorde jag en matta att torka sig om fötterna på. När jag mönstrade av den båten hade jag gjort 15 mattor. Jag gick iland 1946."

Ja, att man gjorde sådana typiska sjömansarbeten ombord, det visste vi nog. Men att man också där sydde lapptäcken, det förvånade mig att höra. Jag frågade förstås om det fanns något lapptäcke kvar i hans ägo, men det fanns det inte, tyvärr.

Ur Merabs skönhet av Torgny Lindgren

"En afton gjorde han en bonad av spinkbitarna, det var kordrojen och chevioten och dongerityget och domestiken, en bonad som han gjorde liksom ramen kringom borti mollskinnet och han satte dit två hönsringarna att hänga opp honom däri, han sömmade bonaden endast för att få glädja sig i sitt hjärta och för att han icke hade någonting annat att göra, och mitt oppå bonaden stod det med blåbokstäverna
 FRÖJDEN EDER MED BÄVAN."

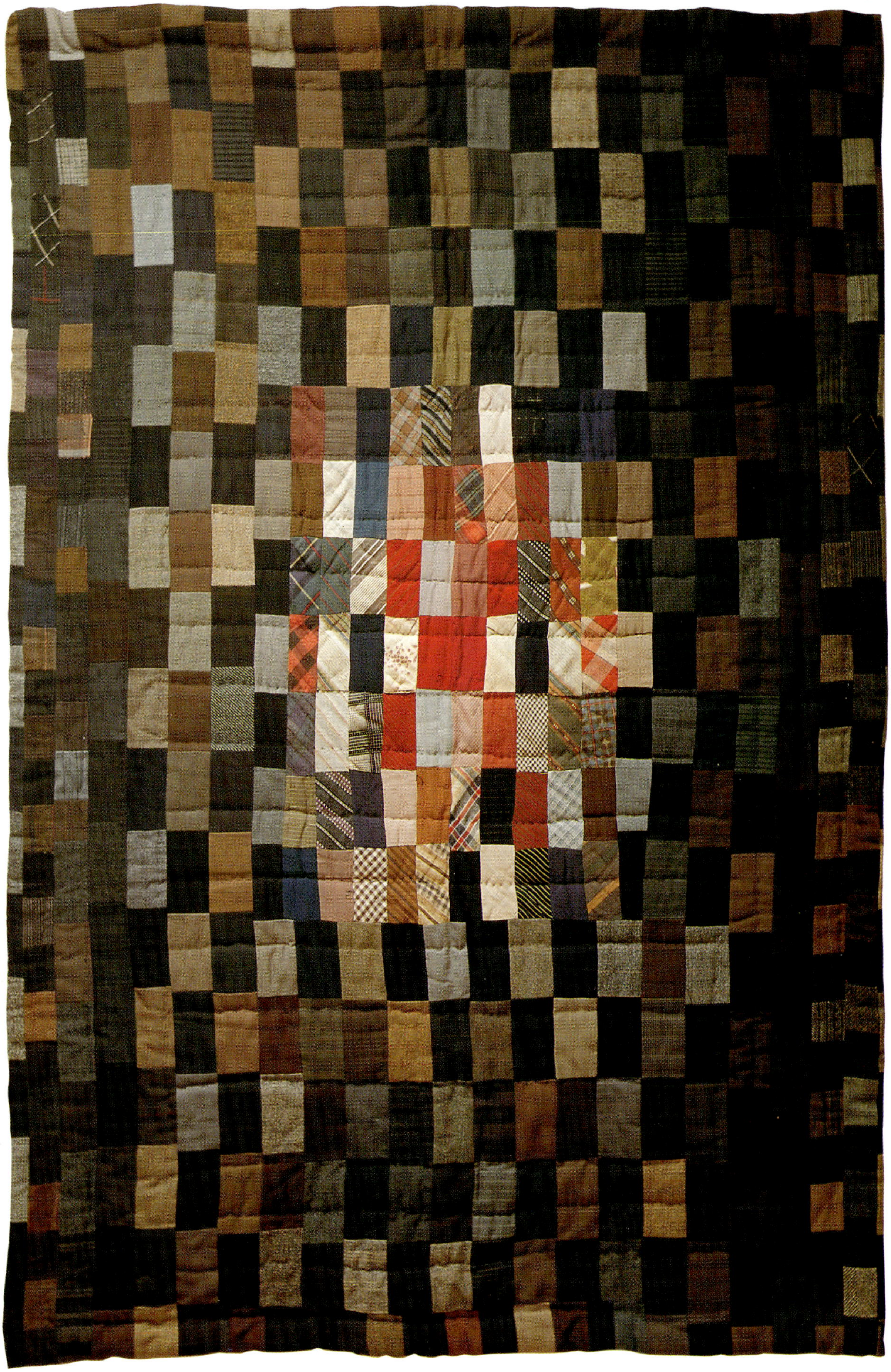

Skräddarlapptäcke

Berättat av Astrid Carlsson i Gislaved:

"Detta lapptäcke har sytts av min morfar, skräddaren Karl Magnus Jönsson. Han föddes 1835 på en gård som hette Skattagård i Nennesmo som tillhör Reftele socken i Småland. Karl Magnus gifte sig med Anna Johannesdotter som föddes 1839 i Karaby i Ås socken. Karl Magnus och Anna bosatte sig efter giftermålet på gården Svenshult i Nennesmo. De fick sju barn, två flickor och fem pojkar. Min mor Mina Kristina föddes 1881. Familjen bodde mycket trångt. Man hade tillgång till ett rum och ett litet kök.

Min morfar utbildade också sina samtliga fem söner till skräddare. Fyra av dem emigrerade sedermera till Amerika, medan den yngste, Oskar, stannade hemma i Sverige. Under många år sydde såväl morfar som hans söner allting för hand, då man inte hade tillgång till någon symaskin. Man sydde för det mesta kläder till människorna i bygden, och av de små bitar som blev över när man klippte till kläderna sydde man sedan lapptäcken och lappkuddar. Detta täcke fick min mor ärva efter sin far och när mor gick bort fick jag ärva det av henne. Vad jag kan erinra mig har täcket aldrig använts.

Det berättades för mig att på gamla dar fick morfar en liten symaskin av min morbror, som hette Elof. Han bar sedan med sig maskinen till sina kunder, där han satt och sydde. Morfar dog 1914 och mormor blev ensam och kunde inte försörja sig. Då var det meningen att mormor skulle flyttas till den tidens ålderdomshem, vilket även kallades fattigstuga. Barnen ville inte detta då livet på fattigstugorna inte var särskilt bra. I stället kom man överens om att hon skulle få bo hos vardera barnet under ett år och sedan flyttas till nästa, och nästa och så vidare. Under sina sista tio levnadsår flyttade hon således runt bland sina barn och bodde hos var och en ett år tills hon dog 1924."

Skräddarlapptäcke sytt av Karl Magnus Jönsson, Småland.

Lapptäcken i Sjuhäradsbygden

Eva Hallström

I Borås och Sjuhäradsbygden har kvinnor av tradition arbetat med att tillverka tyger och kläder. Av tygspill och kollektionsprover har de gjort lapptäcken, vilket var nödvändigt för hemmets behov förr. Att ha fria händer att sy ett eget lapptäcke med mönster i unik färgställning var förenat med lekfullhet och glädje mitt i vardagsslitet. Det var en tillåten form av skapande eftersom resultatet blev något nyttigt.

Mors flit vid symaskinen var många barnrikefamiljers räddning under tidig industrialism. Anmödrarna sydde skjortor, byxor, västar, blusar och förkläden. Det kallades dussinsöm. Sömnadsförläggaren eller fabrikanten ersatte dem med minimal sylön. Den här formen av industri i hemmen var vanlig fram till 1930-talet, då fler och fler konfektionsfabriker startade. Det är överraskande att hemarbete ännu på 1990-talet står för minst 10 procent av all trikå- och konfektionssömnad.

En del lapptäcken är som uppslagna provböcker med tygkollektioner från tidig textilindustri under 1870–1900. Fabriker i Sjuhäradsbygden som då vävde och tryckte bomullstyger var bland andra Borås Wäfveri med början 1870, L.J. Wingqvist, Fritsla 1874, Kinnaströms Väfveri, Kinna 1885, Dalhems Wäfveri, Borås 1896. Sveriges äldsta bomullsväverifabrik var Rydboholms AB i Rydboholm, grundlagd 1834, med eget maskintryckeri från 1852. Under lång tid spelade Rydboholms fabrik en dominerande roll inom svensk tillverkning av bomullsvävnader.

Bland de lapptäcken som finns bevarade på TextilMuseet i Borås finns både bröllopstäcken och vardagstäcken. De lapptäcken som här presenteras är unika till funktion, material och karaktär.

Lapptäcketyg av bomullstyger, kollektionsprover med nummerlappar kvar på baksidan (142 x 140 cm). TextilMuseet Borås. Foto: Jan Berg.

Vinter- och sommartäcke

Levina Tilander i Tranemo, Kind sydde sitt lapptäcke som ett vinter- och sommartäcke omkring 1900. Det ovanliga med täcket är att det är användbart på båda sidor. Den mörka årstidens sida är sydd av enfärgade blå och röda yllelappar, alla i samma rektangulära form med effekter av några mönstervävda och tryckta halvsidenbitar. Sommarsidans lappar är ljusa och långsmala och visar upp en rik variation av ränder och småmönstrade tryckta bomullstyger, som var moderna omkring 1900. Det kan vi se i provböcker på TextilMuseet från Rydboholmsbo-

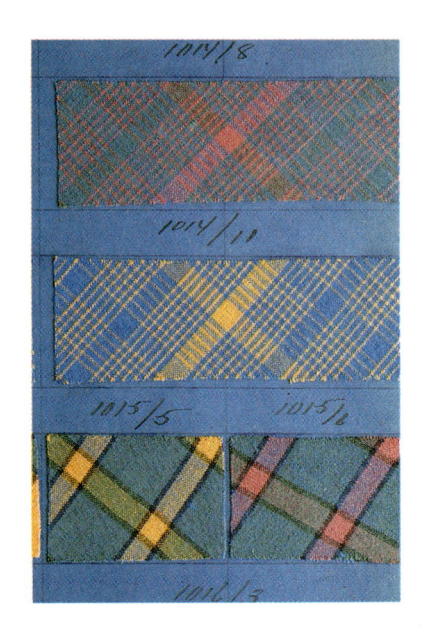

Sida ur provbok med bomullstyger. Omkring 1915. Gåva från Kinna Yllefabrik. TextilMuseet Borås. Foto: Jan Berg.

Vinter- och sommartäcke (180 x 130cm). Omkring 1900. Tostarp, Tranemo, Kind. TextilMuseet Borås. Foto: Jan Berg.

laget och Borås Wäfveri, där finmejslade linjer och rika färgställningar bevisar högt uppdriven skicklighet hos valsgravörer och färgare. Lapptäcket är tjockt vadderat och stickat i rutor som bara kan urskiljas på den ljusa sidan.

Antalet arbetstimmar som lades ner på de 800 lapparnas täcke ger respekt. Är det ett rekordtäcke? Det troliga är att det i ett burget hem på den tiden var vanligt att byta textilier efter årstiden och att den traditionen gav Levina Tilander idén till vinter- och sommartäcket.
Tygerna kan vara en provkarta på tyglagret i makarna Levina och Alrik Tilanders diversehandel i Tostarp, Tranemo, som de drev fram till Alriks död 1902.

45

Täcke av folkdräktstyger

Lapptäcket från Ljunga i Ods socken, Gäsene är sytt av tygbitar från gamla folkdräkter. Under sent 1700-tal och tidigt 1800-tal var bomullstyger ännu inte vardagsvara. De tyger som kvinnor hade tillgång till var de som de själva vävde i hemmet till kjolar, livstycken och västar av lin och ull. Till högtidsdräkten var det finare att väva med rött och blått ullgarn som hade färgats av färgerierna i Borås. Det var dyrbart garn jämfört med egna växtfärgade bruna, rödbruna och gula ullgarner, vilka vi möter i rosengångs- och opphämtatäcken.

En bevarad folkdräktskjol från Engelbrektsgården i Grude, Gäsene, som uppges vara från 1780-talet, är bredrandig på längden i röda och röd-vitflammiga ränder omväxlande med blå, mörka och ljusa ränder och smala gröna. Kvaliteten är lin och ull i oliksidig kypert.

Ser vi nu på lapptäcket från Ljunga är tygbitarna runt mittrutan slående lika folkdräktskjolens tyg. Den enda skillnaden är gröna i stället för blå enfärgade breda ränder. Tydligen har tyg till en folkdräktskjol från Gäsene använts till en del av lapptäcket.

Täcket är tunt vadderat och stickat i två stora gåsögonmönstrade partier och fodrat med ett grovt spetskyprat linnetyg.

Täcke av folkdräktstyger (166 x 136 cm). Ljunga, Od, Gäsene. TextilMuseet Borås. Foto: Jan Berg.

Kjol 1780-talet, detalj. Engelbrektsgården, Grude, Gäsene. TextilMuseet Borås. Foto: Jan Berg.

Täcke av folkdräktstyger (182 x 143 cm). Ljunga, Od, Gäsene. TextilMuseet Borås. Foto: Jan Berg.

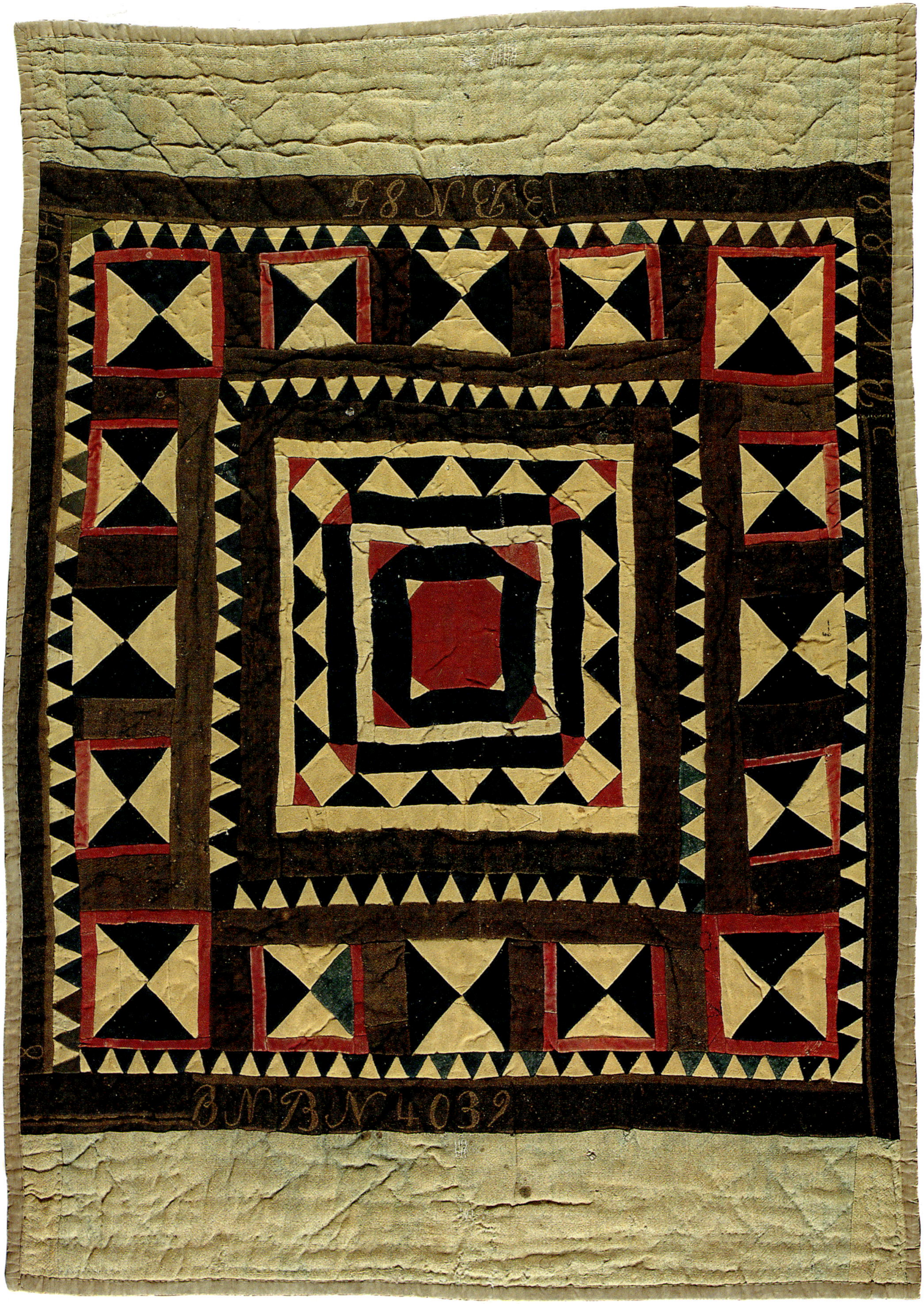
BNBN4039

Låda med skjutlock av ek med karvsnittsdekor, detalj.
Mönstret i soldattäckena påminner starkt om formerna i karvsnittets skurna dekor på lock,
mangelbräden, skrin och ostformar, där rosetter och geometriska figurer bildar mönster.
Träslöjdens formspråk låg nära till hands för en man som sydde lapptäcken.
Borås Museum. Foto: Helena Törnqvist.

Täcke med soldatnummer

Givaren lät testamentera soldattäcket till museet, en ära som inte alltför ofta tillfaller ett textilt föremål. Det fanns på gården Kartäckran i Molla socken, Gäsene. Enligt muntlig tradition skulle det ha kommit till gården med givarens mor, som härstammade från Månstad, Kind.

Lapptäcket är tungt och kraftigt. Det är sytt av grönt och brunt ylletyg och slitna uniformslappar av kläde i gult, blått och rött. Det har ett kraftfullt, rationellt mönster av timglasformer, tidens symboler på parad. På flera ställen på den bruna ytterbården har bokstäver och siffror broderats med grovt brunt ullgarn, till exempel BNBN 4039, vilket troligen är ett soldatnummer. Täcket är fodrat med ljusbrunt bomullstyg och stickat i diagonalt mönster. Det är vadderat med linskäkteavfall, vilket sticker fram i några småhål i ytterkanten. De åldrade uniformslapparna och linvadderingen tyder på att soldattäcket bör vara från tidigt 1800-tal.

I Margareta Rolfes bok *Patchwork Quilts in Australia* finns ett kapitel om lapptäcken gjorda av uniformstyger. På en målning från 1856 ser man den engelske soldaten Private Thomas Walker som sitter i sjukhussängen och syr ett lapptäcke med rader av romb- och kilformade bårder. Det finns likhet mellan detta och ovan beskrivna soldattäcke. Enligt Rolfe har utbildade skräddare av tradition sytt täcken av bitar som blivit över från uniformer och sårade soldater har sytt täcken under konvalescenstiden.

Soldattäcke (165 x 122 cm).
Kartäckran, Molla, Gäsene.
TextilMuseet Borås.
Foto: Jan Berg.

Soldattäcke från 1840

Anna Svensson, född 1898, berättar att det var hennes farfarsfar Bengt Träff (1785–1862) som sydde det här lapptäcket. Han var förrådsförvaltare vid Älvsborgs regemente. Annas farfar Andreas Bengtsson talade om det för Anna. Lapptäcket låg i hennes föräldrahem på en uppbäddad säng.

"Jag tyckte som barn, att täcket var så grant. Jag fick det, la ihop det och hade det som soffdyna ett tag, tänkte kastat' – men hade int' råd till'et heller – fick för mig o ringa till Borås Museum. Då kom hu – o hann inte hälsa – förrän hu ville ha det." Det var landsantikvarie Ingegärd Vallin på Borås Museum som kom till Anna Svensson i Tärby i Fristad och tog emot gåvan 1959.

Bengt Träff föddes i Jähla utanför Falköping. Han var soldat i Gäsene Kompani och bodde på torpet Hästhagen i Häla i Molla socken, Gäsene. Hans hustru hette Cajsa Bryngelsdotter. De fick barnen Petter född 1812, Maja-Stina 1815, Johannes 1822, Anna-Cajsa 1825 och Andreas 1830.

I generalmönsterrullan för Älvsborgs regemente 1840 finns Bengt Träff inskriven med följande utlåtande:"Tjent utmärkt wäl, bewistat 4 Fällttåg, anmäles till underhåll enligt Kongl. Beslut 1831." Det står vidare att Bengt Träff erhöll avsked vid generalmönstringen den 18 juni 1836, vilket betyder att han sade upp sig.

I husförhörslängden för Molla socken 1830–44 är Hästhagen benämnd backstuga och Bengt Träff "gratualist", det vill säga pensionär, från 1837 och "ärlig", hustrun Cajsa "bräcklig" och sonen Petter "plågad af wärk". Tack vare vår världsunika folkbokföring på landsarkiven kan vi utläsa att Bengt Träff inte längre var soldat vid Älvsborgs regemente utan pensionär hemma på Hästhagen när han 1840 sydde lapptäcket.

Täcket är sytt av grönt ylletyg och uniformslappar i blått, rött och gult kläde. Det har en rationellt bred ram av det gröna ylletyget i tuskaft runt mittpartiet, som är mönstrat i fyrkantiga och kilformade lappar med ett mittfält av rosettliknande karaktär i blå och gula lappar. Mitt på täcket sitter det blå årtalet sytt på en röd lapp, mitt i prick bokstavligt talat. Täcket är fodrat med ett grämelerat bomullstyg. Det är vadderat och stickat med hjärtmönster i vinklade rader.

Färgerna i Bengt Träffs täcke överensstämmer med uniformstygernas. Förrådsförvaltaren var kanhända även skräddare vid regementet och sydde täcket av överblivna uniformslappar. När hästtäcken skulle tillverkas var det troligen skräddarens uppgift att sy dem. Hur dessa såg ut hade man bra gärna velat veta. Var de mönstrade? Fanns det någon överensstämmelse mellan hästtäcken och soldattäcken?

Bengt Träffs son Andreas Bengtsson med sin hustru Anna-Britta. 1890-talets början. TextilMuseet Borås.

Soldatuniform 1815 och 1838 för Kongl. Elfsborgs Regemente. Armémuseum. Foto: Albert Coyet.

Soldattäcke från 1840 (168 x 123 cm). Häla, Molla, Gäsene. I generalmönsterrullan fanns uppgifter på förslag över persedlar vid generalmönstringen den 18 juni 1840. Manskapets kläder skulle bestå av bland annat: Kalotter av blått kläde, jackor av blått kläde med röda kragar, byxor av blått kläde med röda passpoaler, halsdukar av svart kläde. Längre fram i förteckningen finns även 47 hästtäcken nämnda. TextilMuseet Borås. Foto: Jan Berg.

Lapptäcket är daterat 1840. En tänkbar förklaring är att förrådsförvaltaren var en sådan ordningens man att det för honom var naturligt att sy dit årtalet, stolt över sitt verk och med förhoppning om att det skulle gå i arv. Lapptäcket är dessutom stickat i hjärtmönster, vilket är anmärkningsvärt och snarare tyder på att det skulle vara sytt till någon bestämd tilldragelse i släkten.

Bonadsmålning av Gustav Norberg, S. Unnaryd. Nordiska museet. Foto: Mats Landin.

Skarvsömsdynor

Anna Maria Claesson

Ett bröllopsfölje i Unnaryd socken vid 1800-talets början var flera hundra alnar långt. I täten red hyensförarna vilka kunde vara upp till tolv stycken. Deras hästar var dekorerade med kransar av blommor och färgat papper. Ett par av hyensförarna bar under armen var sitt hyende (kudde) och i tröjans bröstficka hade de ett halvt stop brännvin.

När det långa tåget med förridare, brudgummens tjänare, brudens tjänare, präst, brudgum, brudvagn med flera hunnit ett stycke på väg vek hyensförarna ur ledet och red i vild galopp före till kyrkan. Med hatten hälsade de på den väntande allmogen. Hyendena bars in i kyrkan. Väl uppsuttna på hästarna igen söp de alla de väntande till och satte så av i sporrsträck för att möta följet på väg.

Hur det hela kunde te sig, kan vi i dag studera på en bonadsmålning i Nordiska museet. Under armen på den främste ryttaren syns hyendet: en kudde i lappteknik med tofsar i hörnen.

Hyendeförarna höll pällen över brudparet i kyrkan och efter ceremonin red de tillbaka till bröllopsgården med kuddarna. Kuddarna placerades där på brudparets plats.

När bröllopet väl var över kunde det hända att kuddarna hängdes upp på var sin sida om framkammarfönstret.

Dynorna är gjorda i skarvsöm. Framsidan består av små olikfärgade kvadratiska eller triangulära bitar, vanligen av vadmal eller kläde, i geometriska mönster. I sömmarna mellan lapparna har infogats tygremsor, passpoaler.

Tekniken gav möjlighet att väl ta tillvara även den minsta tygbit. Till och med en enskild lapp kan bestå av flera små lappar! Det är kanske inte så underligt att just det fattiga och karga Västbo härad i Jönköpings län, där innevånarna väl visste att föda sig med stor uppfinningsrikedom, är ett kärnområde för kuddar i denna teknik. En uppgift gör gällande att skräddaren förfärdigade skarvsömskuddarna i Västbo.

Kuddarna i Västbo kan delas i två huvudgrupper. Hos en grupp har mönstret byggts upp kring en stjärna med fyra till åtta uddar. Den andra gruppens mönster utgår ifrån en kvadrat. Många variationer finns på dessa två teman. I mitten förekommer den röda färgen, som ju av gammalt är en festfärg och särskilt förknippad med bröllop. Övriga färger är indigoblått, grönt, gult, brunt och grått.

I dag kan dynorna te sig färglösa. Tidens tand har blekt de en gång så färggranna dynorna, men en titt på baksidan avslöjar den forna prakten.

Vid några tillfällen förekommer dynorna i par. Helt naturligt, de har ju använts vid bröllop. Av samma anledning finns ibland ett broderat årtal i mitten. De årtal jag har funnit har sträckt sig från 1757 till 1804.

I hörnen är dynorna försedda med tofsar av tre till fyra rektangulära vadmalsbitar i olika färger. Understycket består av skinn med hårsidan inåt. Ibland är skinnet sämskat.

Framsidornas skarvsömsmönster avslutas med ett några centimeter brett band. Det kan vara ett grovt ripsband, ofta en tillvaratagen stadkant från en väv. Några av dynorna har dessutom en enkel dekor i applikation eller broderi.

I Jönköpings läns museums samlingar finns tolv dynor bevarade som liknar den på bonaden. I Jönköpings län förekommer skarvsömskuddar i sydvästra delen mot Hallandsgränsen. Fynd finns från Ås, Åsenhöga, Kulltorp, Kävsjö, Gnosjö, Våthult, Reftele och Värnamo socknar. Skarvsömskuddar av Västbotyp finns också i angränsande socknar i Kronobergs län och i Halland. På andra håll har tekniken naturligtvis använts, men då med en annan mönsteruppbyggnad.

På nästa uppslag visas skarvsömsdynor från Småland och Västergötland. De småländska dynorna kommer från socknarna S. Unnaryd, Åsenhöga och Ås, och de finns på Jönköpings läns museum.
Tre av dynorna på den högra sidan (överst till höger och mittraden) kommer från socknarna Ambjörnarp, Toarp och Timmele i Västergötland.
TextilMuseet Borås. Foto: Jan Berg.

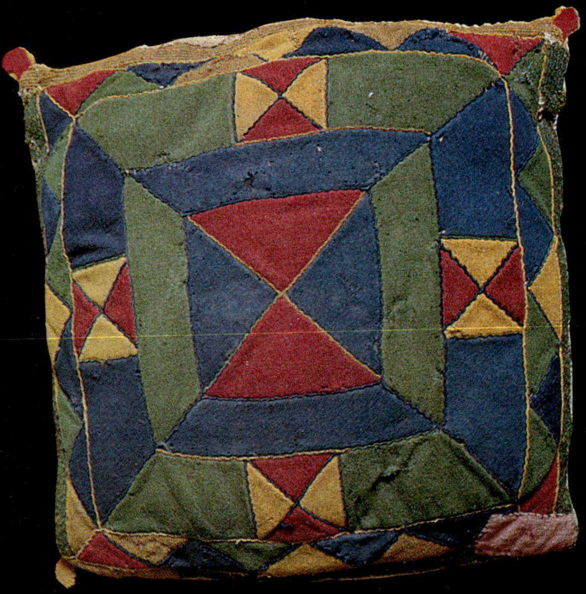

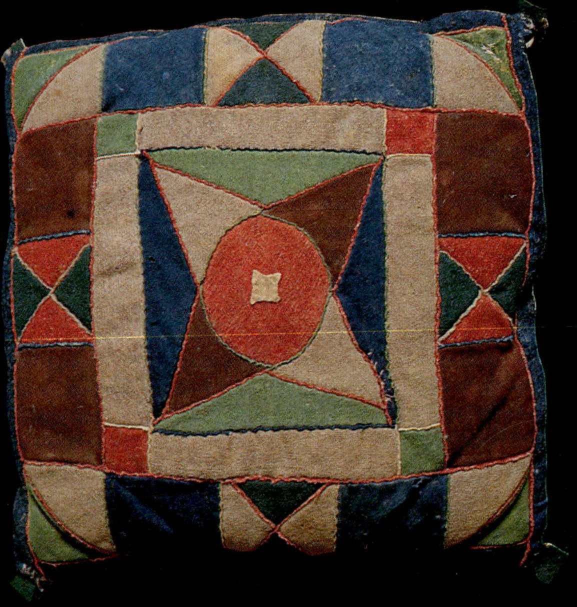

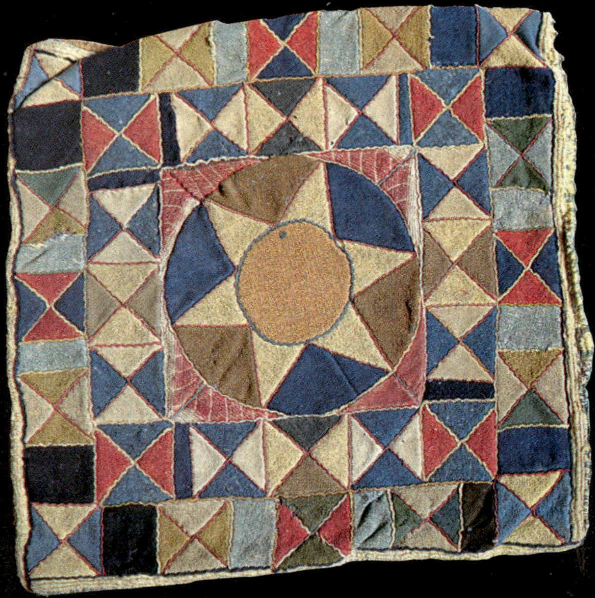

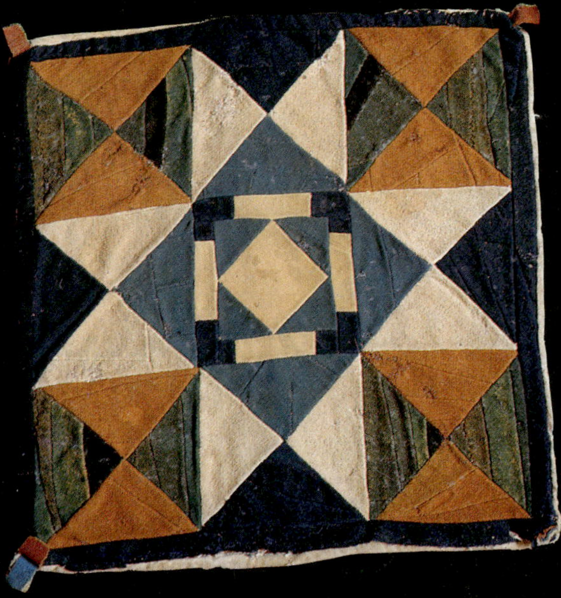

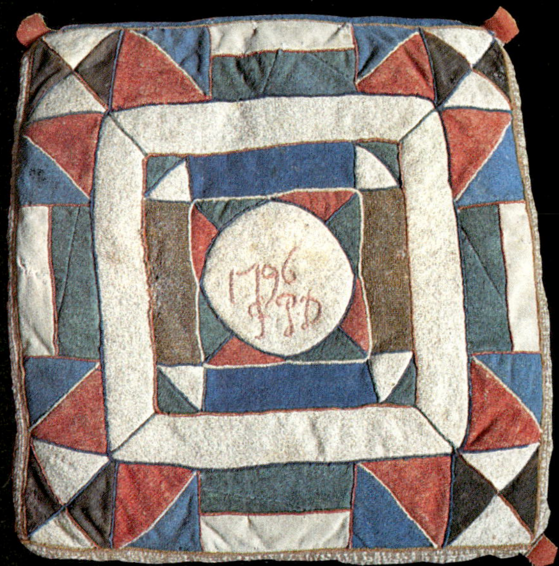
1796

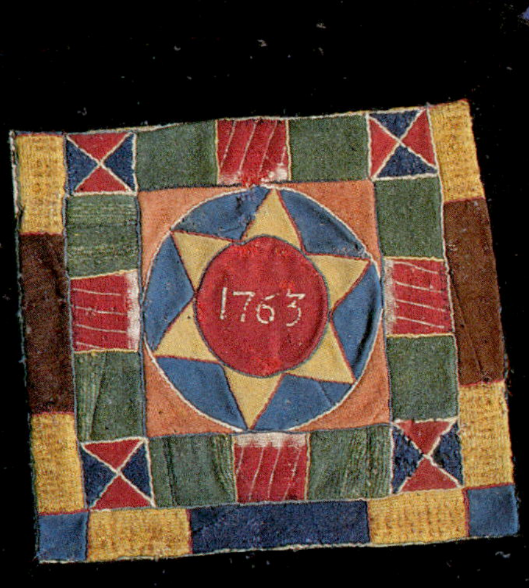
1763

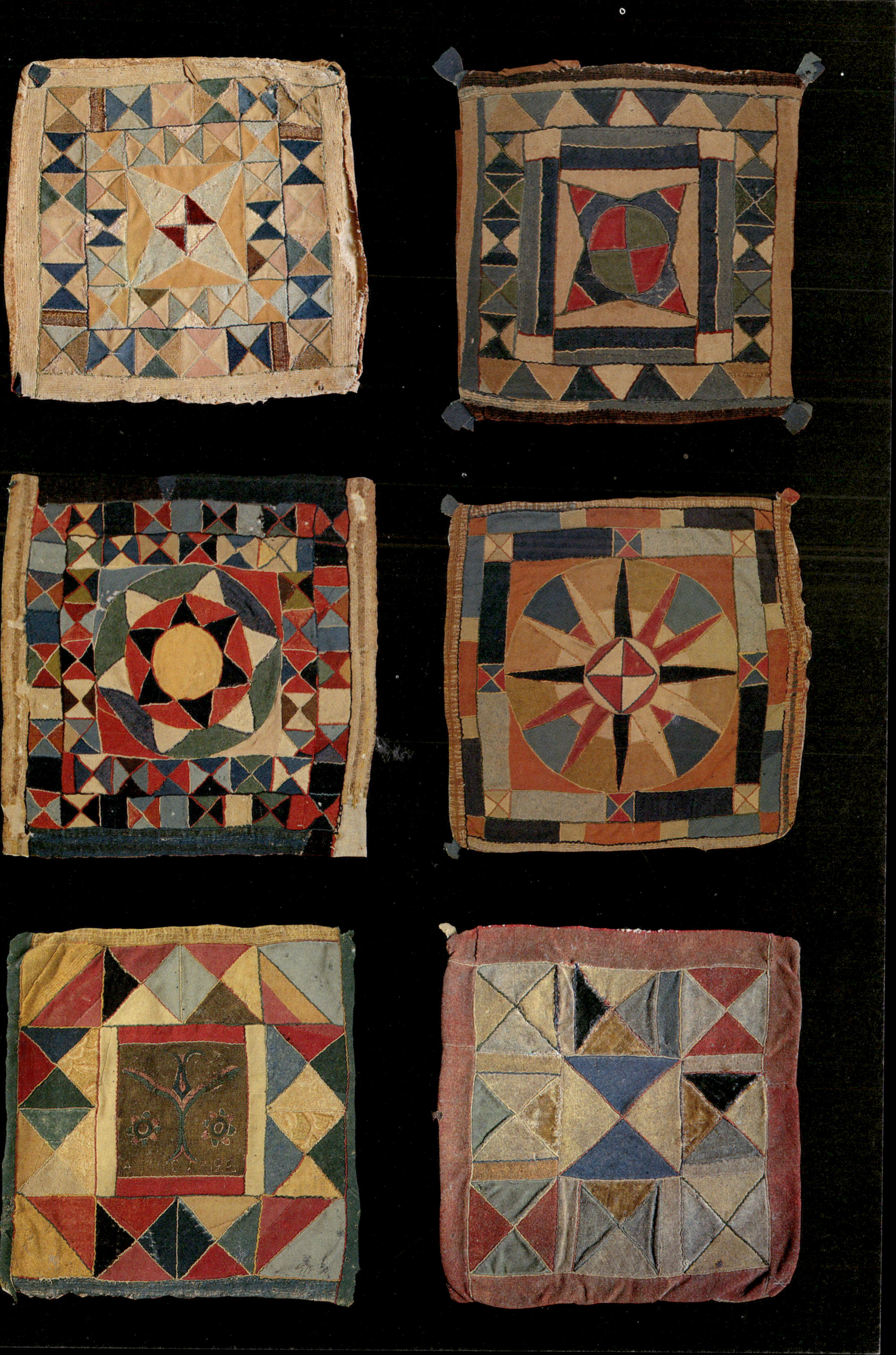

ÖDEN OCH MÄNNISKOR

Åsa Wettre

Anna Erika Bäck som ung.

Dalalapptäcke med fårskinnsfodring

Detta täcke är sytt av Anna Erika Bäck, Skattungbyn, Orsa, Dalarna. Berit Lindberg i Orsa berättar:

"Min mor hette Anna Erika Bäck (född Lustig) och föddes 1905 i hemmet i Skattungbyn. Hon gifte sig 19 år gammal 1924 med Bäck Anders Andersson. De byggde upp ett hemman och hade kor, hästar, höns, får, grisar och till och med kalkoner. Hon födde även upp kycklingar själv. Jag minns hur jag när jag var liten gick och kikade under hönan som ruvade på äggen.

Min mor var helt fantastisk när det gällde att hinna med allt och kunna allt. Hon klippte fåren själv, spann och kardade ullen, vävde allt, gardiner, handdukar, plädar och tyger. Hon vävde vadmalsbyxor åt pappa, eller rättare sagt vävde tyget och sydde byxorna. Åt mig stickade hon långa ullstrumpor. Jag minns att de kliade alldeles kolossalt, men det var ju så på den tiden.

Jag har massor av dukar, handdukar etcetera kvar som hon har vävt, trots att mycket gick på auktion. Hon växtfärgade tyger också och garn. Jag kan än i dag känna lukten hur det doftade i köket då. Hon hann också med att hjälpa andra att mjölka om någon granne till exempel blev sjuk.

1945 fick min far arbete som alltiallo på Edö Säteri i Närke i närheten av Askersund. Hela familjen flyttade ner och korna och all boskap såldes. Men huset och allt behöll de och det fick stå tomt med undantag av att de hyrde ut hela nedre våningen till en familj för att huset skulle 'må bättre', som de sa. Min mor fick arbete som kokerska på herrgården. Där stannade de väl två, tre år, sedan flyttade de till Laxå där min bror redan hade arbetat ett bra tag. Min far fick anställning på Laxå pappersbruk. Min mor däremot fick anställning som kokerska på Järnvägshotellet i Laxå. Där blev hon strax omtyckt och jag minns tydligt än i dag hur dåvarande föreståndarinnan fröken Lannmark bönade och bad att hon skulle stanna när det blev tal om att åter flytta upp till Dalarna.

Anna till höger i Orsadräkt.

Lapptäcke av vadmalstyger i ylle, övervägande delen växtfärgade. Dalarna. Okänt tillverkningsår. 198 x 122 cm.

Anna med sina får.

När mor hade flyttat tillbaka till Dalarna öppnade hon servering. Hon byggde på en kiosk, lät inreda alla småstugor och byggde en stuga som vi kallade för turiststugan. Allt ordnade hon med. Så blev STF:s vandrarhem inkopplat och hon drev det i många år, och fick också en mycket vacker medalj.

Jag själv har inte fått mycket av min mors kunnande och inte hennes ork heller. Jag har funderat mycket över hur hon överhuvudtaget hann med. Hon gick upp tidigt och bakade wienerbröd som turisterna skulle ha. Hon körde bil själv hela tiden – hon tog sitt körkort redan 1946 i Askersund. Jag tror det var 1979 som hon fick en propp och blev lite fumlig, men till dess körde hon bil för fullt. Hon dog 1989.

Jag har ingen aning om när lapptäcket gjordes, men jag minns att när jag var liten hade de en stor träställning som upptog nästan hela rummet som de använde när de sydde täcken. Det var mormor och mor som sydde och jag tror att året måste ha varit omkring 1936–37. Men det är möjligt att detta täcke syddes mycket tidigare.

Mormor hette Rut Kerstin Jonsdotter som flicka och som gift kallades hon alltid 'Lustigmor'. Hon var född i Skattungbyn och tillbringade hela sitt liv där. Jag vet att det syddes massor av täcken i mitt hem såväl hemvävda som lapptäcken."

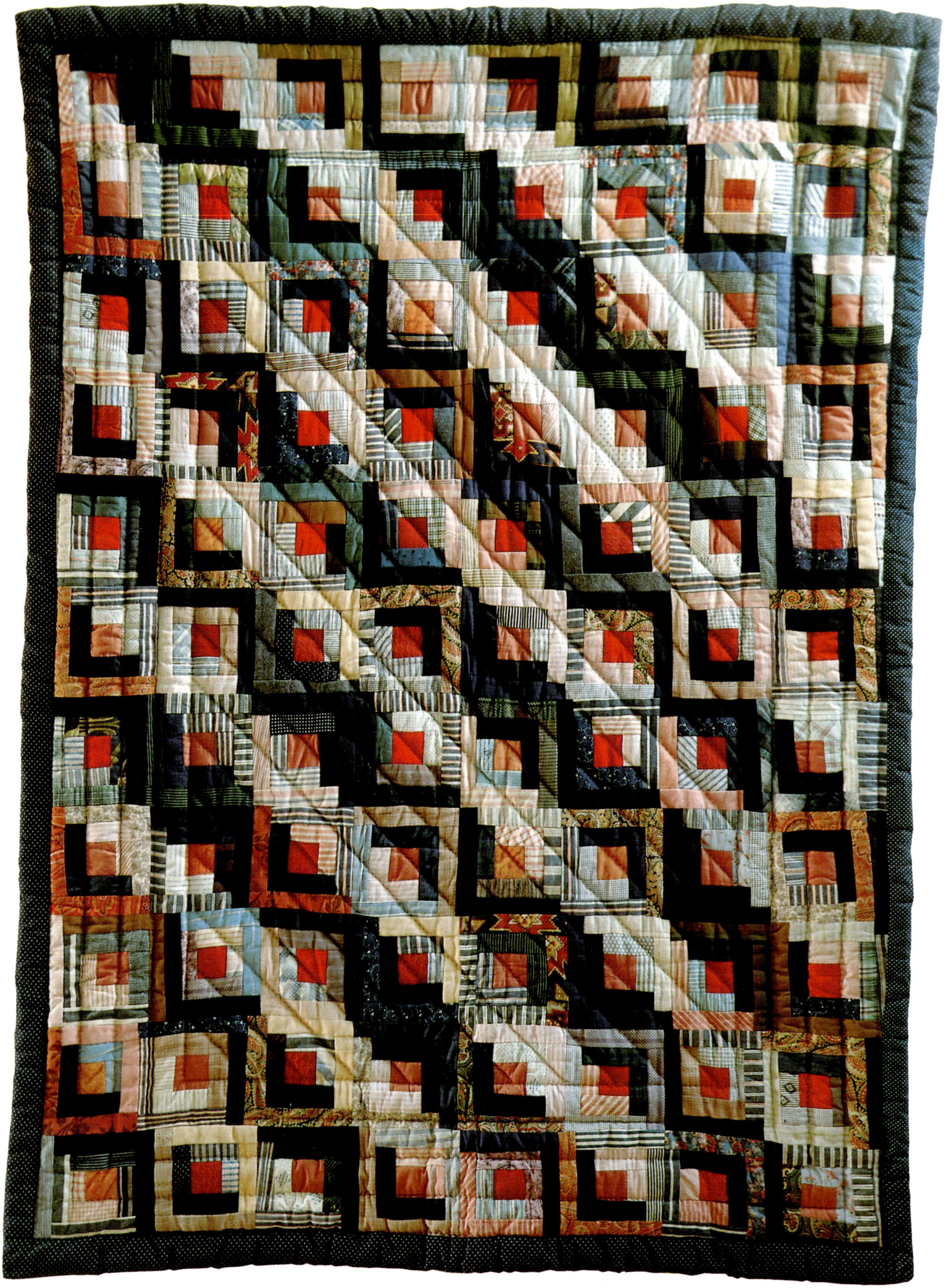

Systrarna Bergström.

Täckstickerskornas täcke

Detta lapptäcke är sytt 1936 och har legat oanvänt sedan dess. Det syddes av två systrar som var täckstickerskor: Albina Bergström (1870–1954) och Elin Bergström (1879–1955). De var från Västergården i Skarstad utanför Vara i Västergötland. Deras föräldrar var backstugusittare. De fick bo i ett litet hus som fattigvården hade på en allmänning. Deras backstuga låg på en stenig tomt direkt på berget, det vill säga backen. När föräldrarna dog fick Albina och Elin bo kvar i den lilla röda stugan som var dragig och kall.

    Bygdens folk beställde sina lapptäcken hos systrarna. Man lämnade in överblivna tyglappar och fick dem efter en tid tillbaka i form av ett färdigt täcke. Systrarnas största problem var att få kunderna att komma och hämta täcket så snart som möjligt, för de var så väldigt ängsliga att mössen skulle börja äta på det nysydda täcket. Då var allt arbete förgäves och de fick börja om. Gott om möss var det och stugan var inte så tät. Telefon hade de naturligtvis inte heller så det gällde att få lämna bud med någon som kunde säga till dem som hade beställt ett täcke att nu var det klart, så kom och hämta det snarast.

Stockhustäcke.
Raka spår eller fåror.
Västergötland. 1936.
194 x 145 cm.

Men Ingvar Frid, som fick ärva detta täcke av sina föräldrar, glömmer inte systrarnas oro för att kunna leverera nysydda lapptäcken utan hål i.

På detta täcke är det en fin blå kant med prickar på, för Ingvars mostrar hade just sytt likadana prickiga klänningar och då blev det mycket tyg över så man fick till hela kanten. Hans farfars och morbröders randiga skjortor finns också i täcket.

På äldre dagar flyttade systrarna till Vara ålderdomshem. Elin och Albina var kusiner med kyrkoherde Freeman i Annedals församling i Göteborg. Detta faktum har det skrivits om i hembygdsboken från trakten. Att vara kyrkoherde var fint det. Att vara kusiner till kyrkoherden var också lite fint. Men att systrarna själva var duktiga yrkesmänniskor var tydligen inget märkvärdigt. De sydde ju bara lapptäcken. Det förbegicks med tystnad.

När jag var och hälsade på Ingvar Frid i Kyrketorp i Skarstad utanför Vara berättade han var Elin och Albinas stuga låg. Jag for dit. Stugan låg vackert på slätten, om än på berget. Den röda stugan var nu grå och taket höll på att rasa in. Med risk för livet nästan, gick jag in, för huset stod olåst. Golvet höll på att ge sig i den lilla hallen och där fanns en liten kammare och ett större rum med något slags eldstad.

Fönstren var trasiga, tapeterna hängde i trasor, en byrå stod kvar och ett gammalt slagbord. På en hörnhylla såg man ett prydnadsdjur och i ett hörn stod en liten låda med gamla bilder på Gustav V och hans gemål, som väl prytt stugans väggar för länge sedan. Golvet var fullt av gamla kläder som aldrig hann komma i några lapptäcken och nystan med mattrasor låg här och var. Några skor stod kvar och man kunde förstå att i alla fall den ena av systrarna hade haft stora fötter, även om de aldrig kunnat leva "på stor fot".

Jag kände mig som en amatörarkeolog som gick där och petade i deras kvarlåtenskap, fyrtio år senare, men med en mycket stor respekt för dem och deras liv och det de åstadkommit.

Mycket ordentliga små tygpaket låg travade i byrålådorna: här hade varit ordning innan fyrtio års vinterstormar yrt in och smutsat ner. Jag önskade att jag skulle hitta något hopsytt av lappar – och inne i lilla kammarn hittade jag ett lappat trasigt stycke. Här hade mössen verkligen fått sitt lystmäte under årens lopp! Men man kunde ändå se att detta en gång hade tjänat som överdrag på ett sofflock, troligen deras eget. Jag var lycklig som om jag funnit den största skatt – vem som helst annars hade nog tyckt att det bara var lump, anfrätt av tidens tand, mott och mal, loppor och möss. Jag la det i bakluckan, för man vet aldrig vad som kan följa med ett sådant knyte.

Väl hemma sitter jag och funderar mycket på Albina och Elin. Vid deras stuga vilade en förunderlig frid. Ett öppet landskap där på slätten och hallonsnår och stora kraftiga syrener vid stugknuten.

Trasigt lapptäcke upphittat i systrarna Bergströms stuga.

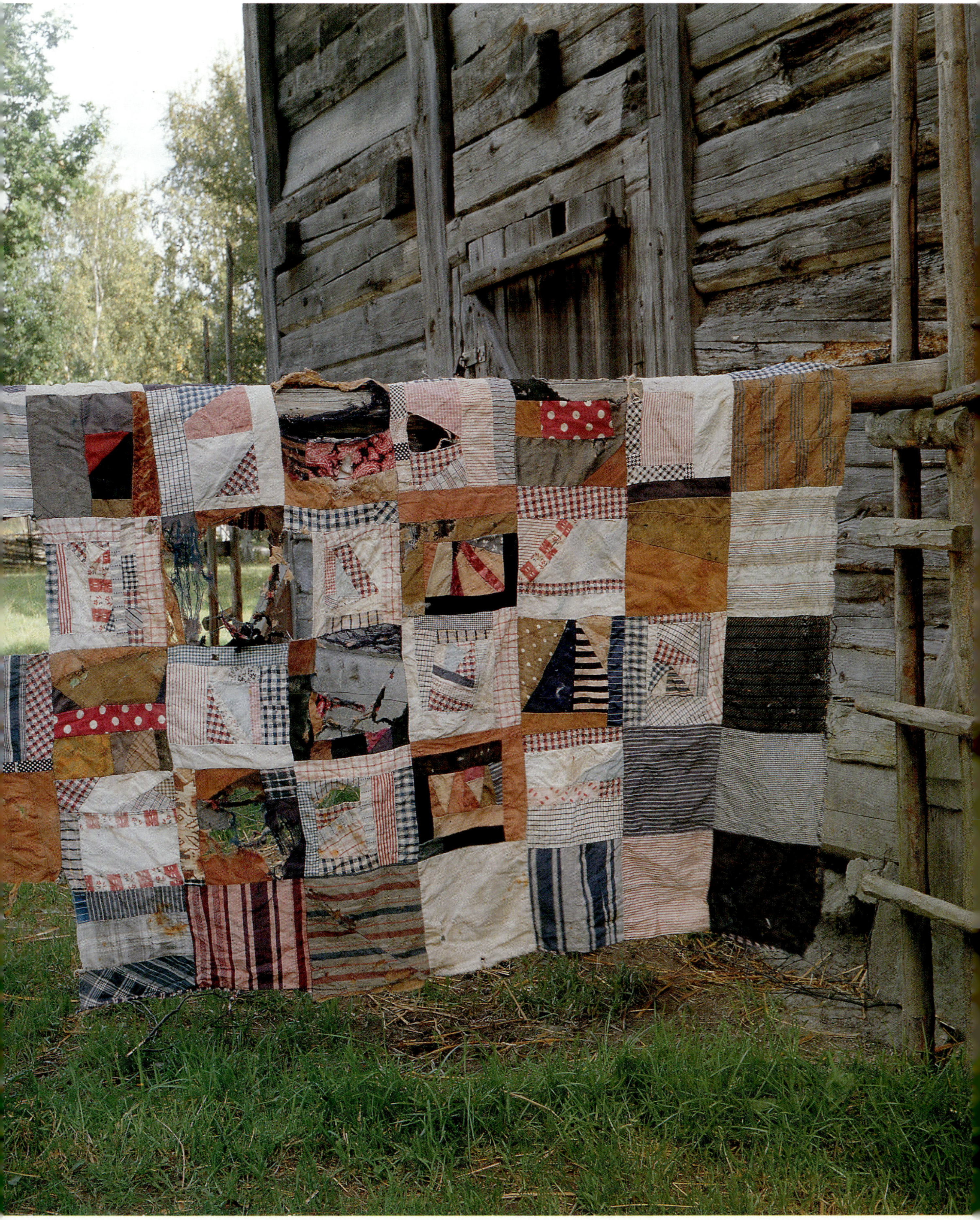

Snickarfruns täcke

Berättat av Elna Lindström:

"Detta lapptäcke är sytt av min mormor Anna Matilda AndreaSon, vars fyra initialer finns i de fyra hörnen: A M A S. Mormor föddes i Härryda, Västergötland 1862 och var äldst bland syskonen; de var fyra flickor och lillebror Anders, som senare fick ärva den gård de föddes på. Det var så på den tiden, sönerna fick ärva gården och flickorna blev nästan alltid arvslösa. Därför gifte sig flickorna så de blev försörjda. Mormor gifte sig med min morfar förstås och de två var kusiner.

Morfar hette Fredrik Pettersson. Han var snickare från Bolås i Lindome. Han snickrade stolar och andra möbler. När de gifte sig köpte de ett ställe i Greggered i Lindome, en gård med verkstad. Då kunde de dryga ut inkomsterna från snickararbetet med det som gården gav. 1892 föddes min mamma Ellen och 1894 föddes mammas syster Annie, min moster. Jag har hört min moster säga till min mamma: 'Det gick väl an för dig att du var en flicka, men att jag också skulle vara en flicka, det var ju för galet!'

Det viktigaste var att de fick en son, flickor var inte lika mycket värda. 1901 föddes en son, men mormor hade flera missfall innan dess. Sonen hette John, han var mycket klen och sjuklig av sig. En gång sa morfar: 'Dör pojken så gör jag inte ett handtag mer i mitt liv, så olycklig blir jag.' Men pojken fick leva och blev så småningom svetsare till yrket.

1897 flyttade familjen till Vestergården i Mölndal. De fick nämligen köpa en gård billigare av en farbror till min morfar på villkor att husbondfolket fick bo kvar på sin gård resten av livet och att mormor skulle ta hand om dem.

Morfar hade en handkärra och drog möblerna som skulle säljas till järnvägsstationen Mölndals Övre, som låg rätt nära deras gård. Sedan såldes möblerna inne i Göteborg. Mormor var fullt sysselsatt med barnen, jordbruket, hushållet och att sköta om de äldre på vars gård de bodde. Hon fick hjälpa morfar att putsa och polera möblerna som åkte iväg på kärran till försäljning i staden.

Mormor sydde lapptäcken till husbehov, som man gjorde på den tiden, och hon hade också en vävstol. Det blev tungt för mormor att sköta om det gamla paret som de 'fick med huset'. Mannen dog efter några år medan hustrun levde till långt över 90 års ålder; de sista åren var hon blind. Min mormor sa att när hon dör så dör väl jag också. Tyvärr fick hon rätt: 1916 – bara två år efteråt – dog mormor, alldeles utsliten."

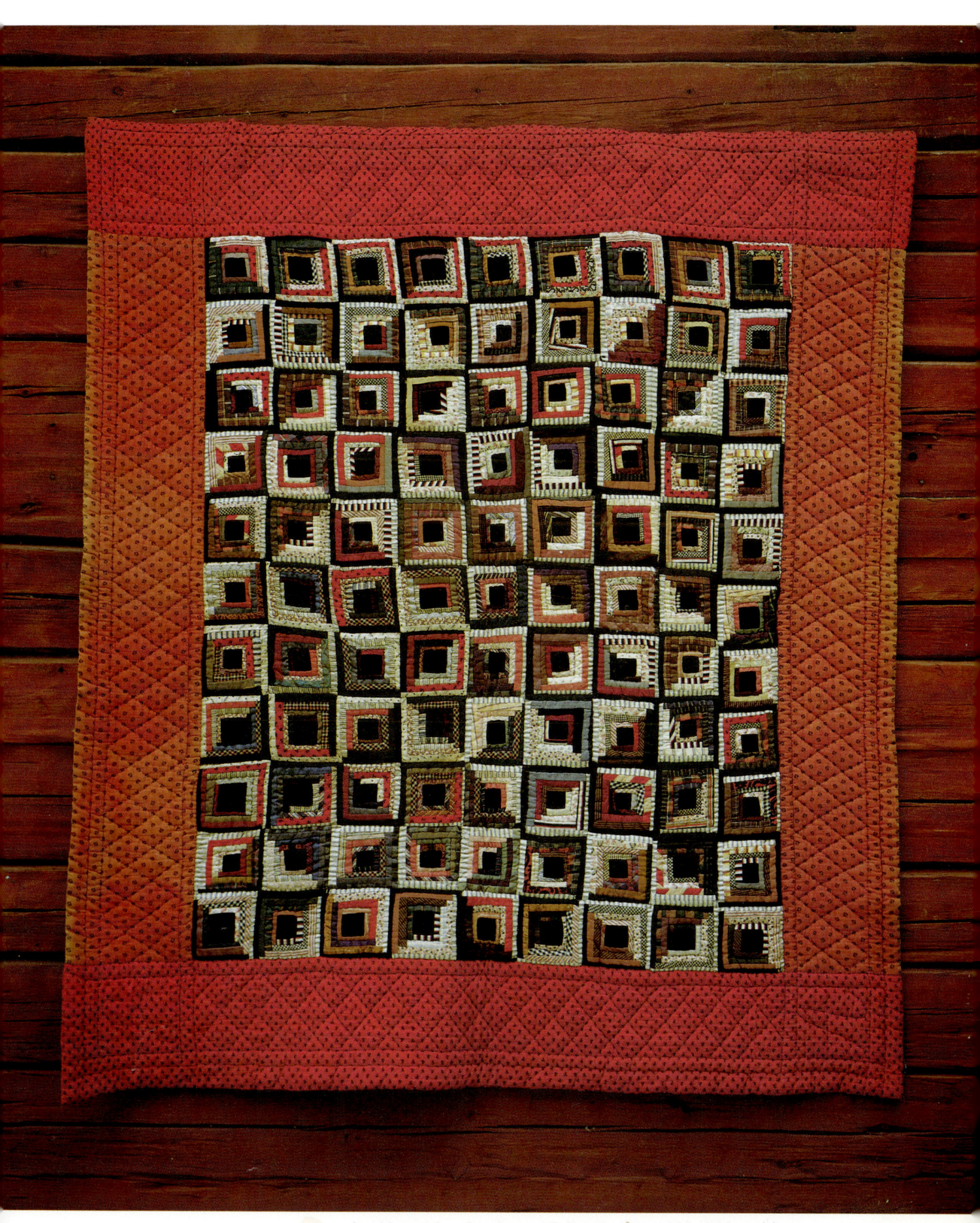

Stockhustäcke. Lindome, Halland. Före 1890. 202 x 177 cm.

Lindometäcket

Det här täcket är sytt av Anna-Britta Persdotter. Hennes barnbarn Sonja Wiking, Lindome, berättar:

"Detta lapptäcke har min mormor sytt. Hon hette Anna-Britta Persdotter och var född 1837 i Hällesåker, Lindome. Mormor var gift med en snickare, och det var oftast snickarfruarnas arbete att polera möblerna och åka in till Göteborg och sälja dem. Även sönerna blev snickare och de var alla mycket skickliga inom yrket.

Klockan tre på morgonen gav sig Lindomekvinnorna iväg med sina tvåhjuliga kärror fullastade med nypolerade möbler. Kvinnorna fick gå vid sidan om kärrorna den två mil långa vägen till Göteborg. Ofta var de 10 eller 15 stycken som gjorde sällskap. I staden ställde de ut sina stolar, chiffonjéer och bord till försäljning på Lilla Torget, senare på Järntorget. Kvinnorna fick ofta stanna hela dagen inne i staden innan de fått sina möbler sålda och handlat lite. När de var färdiga väntade de in varandra, för de vågade inte åka ensamma hem. Vägen var lång och gick efter bergskanterna. De hade ju både pengar och mat med sig från stan. Om de for ensamma kunde de råka ut för rövare. Därför vilade de och samlades vid Tyska kyrkan, som låg vid Stora Hamnkanalen och nära Lilla Torget där häst och kärra fick stå kvar. Då tog min mormor fram sitt lilla handarbete, som blev detta lapptäcke och som nu är över 100 år gammalt. När de väl var hemma igen var det sena kvällen.

Jag minns att mormor var uppe tidigt annars också, hon ville ha en stund för sig själv innan alla kom upp på morgonen. Då satt hon och läste bibeln, hon var mycket religiös – då fick ingen störa henne.

Hon var mycket ute och gick i naturen och samlade växter till växtfärgning. Hon har växtfärgat garnet och vävt tyget till kanten på sitt lapptäcke. Så medverkade kvinnorna till att skapa skönhet och glädje. För först skulle hon ge glans till möblerna med sin polering, sedan väva, sy och sköta hem och barn. Så var det för 100 år sedan."

Stockhustäcke. Ljust och mörkt. Lindome, Halland. Cirka 1890. 189 x 162 cm.

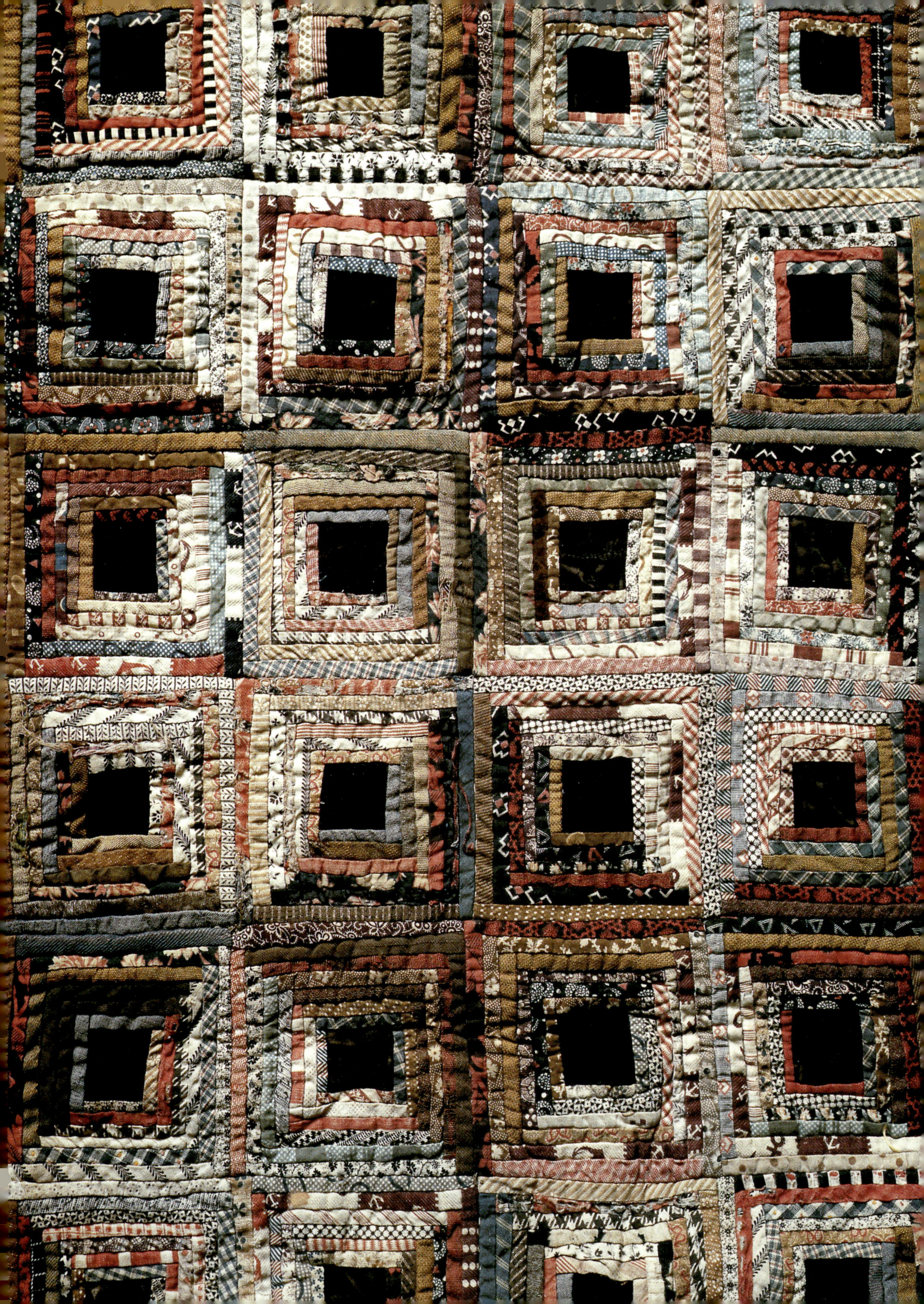

Stjärntäcke från Halland. 1920-tal. 189 x 139 cm.

Stjärntäcke

Detta lapptäcke är sytt av finsömmerskan Ellen Johansson, som föddes 1900 och bodde i fiskeläget Glommen i Halland. Mönstret kallas för den amerikanska stjärnan eller den åttauddiga stjärnan. Täcket är sytt på 1920-talet och stoppat med ny fin vit vadd. Det har använts som gästtäcke och är därför mycket välbevarat. Många andra täcken som Ellen Johansson sydde användes i vardagslag och slets ut. De täckena fick sluta sina dagar i kojerna ombord på någon fiskebåt, och när de blev alltför trasiga slängdes de bort.

Stockhustäcke med svart mittruta. Västergötland. 1930-tal. 206 x 142 cm.

Släckta eldar

Denna variant av stockhusmönster kallas ljust och mörkt. Kvinnan som sydde detta gjorde många täcken. Hon bodde i Istorps socken i Västergötland, Älvsborgs län, nära gränsen till Hallands län. Den enda som visste vad sömmerskan hette har glömt hennes namn.

Los-Maria.

Fåror från Järna

Syskonen Montelius, som äger täcket, har berättat:

"Vår mamma var dotter på Hansgården i Uppsälje by i Järna socken i Västerdalarna. Hon hette Elisabet Andersson-Montelius, och när hon var liten dog hennes mamma. En flicka, som kallades Los-Maria och kom från samma by, var familjens piga. Gården hade ett helt rum fullt av dalmålningar, gjorda 1828 av Jufvas Anders Ersson från Ullvi by i Leksand. I denna miljö levde och arbetade Los-Maria och här sydde hon täcket till familjen."

Om ett annat lapptäcke på samma gård skriver Elisabets son Sigvard Montelius:

"I Hansgårdens parstuga i Uppsälje låg gårdens piga tidvis i den i vardagslag oanvända, oeldade och med dalmålningar av Jufvas Anders Ersson helt dekorerade högtidssalen ('nystugo').

År 1907 pågick i Järna byggnadsarbetena med järnvägen Ludvika–Vansbro. I trakten fanns därför gott om rallare, ofta stiliga pojkar, och konkurrensen om flickorna mellan bygdens söner och rallarna var knivskarp, både bildligt och reellt. Även pigan i Hansgården hade fått en rallarfästman och kunde ostört ta emot honom, där hon ensam residerade om nätterna i 'nystugo'. En av bypojkarna var också het i sin åtrå och hotade att skjuta rallaren-fästmannen någon mörk natt.

Pigan tog hotelsen på allvar, ty pojken var känd för sitt obändiga humör. Hon satte helt enkelt upp ett lapptäcke över fönstret. Bypojken infann sig som väntat en natt, avfyrade några hagelskott och försvann, i tro att rivalen förpassats till andra jaktmarker och att flickan nu var fri. Men lapptäcket hade stoppat haglen och räddat de älskande.

Täcket såldes några år senare på auktion till Ilar Lars i granngården och kom att användas för en del skräpsysslor. Det deformerade täcket blev ett omtyckt verksamhetsfält för gårdens son Axel och mig, där vi satt på stallskullen och ivrigt petade fram hagel ur det. Ett väl vadderat lapptäcke kan framgångsrikt inte bara skyla utan även skydda vår mänskliga lekamen!"

Ålderstrappan, dalmålning av Jufvas Anders Ersson i Hansgården. Varje trappsteg är som ett lapptäcke.

Stockhustäcke. Raka spår eller fåror. Dalarna. Sekelskifte. 197 x 143 cm.

Skräddartäcke från Emmaus i Småland.

Gammalt timglaslapptäcke från Småland.

Ananastäcke. Värmland. Sekelskifte.

Ananastäcke. Dalarna. Okänt tillverkningsår.

Ett anonymt lapptäcke inköpt i en antikaffär i Stockholm. Enkla rutor av alla de slag hålls samman av det blå tyget i de enfärgade rutorna och i kanten. 203 x 130 cm.

Rutor

"En annan mycke gammal slöjd på söra Öland var att tillvärka sängtäcken, av 6,7 cm stora tyglappar av olika färj å kulör. Dässa lappar syddes tillsammans i olika mönster å figurer, som i en van å skicklig kvinnas hand kunde formas med dels färjer å dels i själva figurerna till något riktigt enastående. Nu är både dänna, å vävningen av hästtäcken gongen för länge sen, jag tror ej någon här i Wentlinge fins, som kan väva såna täcken nu, skada att konsten skall dö ut." (ULMA 21330, upptecknat i juli månad 1951 av G. Sjöman född i Wentlinge på Öland 1869)

Lapptäcke. Tjörn, Bohuslän. 1910-tal. 200 x 190 cm.

Skärhamnstäcket

Berättat av Elsa Ström, Skärhamn, Tjörn, Bohuslän.

"Min mamma, Anna Rutgersdotter Berntsson, föddes 1889. Hon gick i lära till sömmerska när hon var ung under storstrejkens tid, 1909, i Göteborg. På den tiden var det inte alla flickor som kunde fara till Göteborg och lära sig att sy. Efter utbildningstiden flyttade hon hem till Skärhamn igen och sydde tillsammans med sin syster Ida, som var något yngre. De hade sin syateljé på Postvägen 14 i ett litet rött hus, där nu sex generationer av släkten Berntsson har bott.

Min mamma Anna gifte sig 1919 med Edvard Edvardsson, min far, som var född 1891. Innan pappa föddes var farmor och farfar en gång ute på nöjessegling. Det blev oväder och både farmor och farfar trillade i sjön. Farfar omkom den gången, men man säger att farmor räddades mycket tack vare att hon var gravid och väntade min far. Han var på sjön när han var ung, sedan arbetade han som hantverkare i land, först som snickare och de senare åren med rörläggeri.

Lapptäcket sydde min mor när hon var mellan 20 och 25 år, mellan 1910 och 1915. Det finns en gammal docka kvar som har kläder sydda av samma tyger som finns i lapptäcket. Det syddes många lapptäcken till husbehov, man hade egen stickbåge hemma. Men man sydde inte lapptäcken på beställning till andra än familjen.

Själv blev jag som var enda barnet också sömmerska och gick precis som min mamma i lära inne i Göteborg. Jag fick gå på Wiener-mönsterateljé. Sedan sydde mor och jag. Jag sydde och hon hjälpte till. Men inga lapptäcken, för då hade man köpetäcken."

Idas täcke

Berättat av Ingela Sjöberg, Alingsås, barnbarnsbarn till Ida Andersdotter:

"Ida Andersdotter föddes 1864 på ett litet ställe: Granliden, Lygnö i Alingsås landsförsamling. Ida hade fem bröder och en syster. Idas far dog när barnen var små, och de var väldigt fattiga. Kanske var det därför som alla bröderna utvandrade till Amerika i slutet av 1800-talet. Två av dem kom hem och hälsade på, de andra återvände aldrig. Idas syster Selma stannade i Sverige, men systerns två barn utvandrade också till Amerika. Hur Ida träffade sin man vet jag inte. Han hette Johannes Andersson från Mossebo i Skogsbygdens socken. De var båda från Kullings härad. Han var född 1840 och således 24 år äldre än Ida. De gifte sig 1887 och bosatte sig i Ljungås i Skogsbygdens socken 1889. De fick sex barn. Deras yngsta dotter Elsa föddes 1909, när Ida var 45 år och Johannes 69.

Jag var sex år när Ida dog 1952. Då hade hon varit änka ända sedan 1934. Jag minns henne som en liten skrynklig gumma med guldringar i öronen. Hon hade alltid en mörk klut knuten bak i nacken och långkjol och mörka kläder. Hon hade käpp när hon skulle gå ut. En gång skulle vi ta ett fyragenerationersfoto. Vi satte oss på en bergknalle. Då sa Ida: 'Jag slänger käppen, för man ser så gammal ut med käpp.' Då var hon säkert 85 år.

Ida sydde till husbehov. Det var av nöden tvingat. De var fattiga och hon tog nog vara på det hon kunde."

"Något österländskt"

Lapptäcke sytt omkring 1880 av Wendela Ljungberg född Wennerstam (1855–1930).

Wendela växte upp i Falkenberg där hennes far var köpman. Hon var en av fyra systrar. De gick i flickpension och fick en "fin" uppfostran. Hon gifte sig med Edvin Ljungberg 1878. Eftersom han var postmästare flyttade de runt en hel del. Karlshamn, Karlsborg och Karlstad var tre anhalter. De fick fyra barn: Alma, Maria, Britta och Robert.

Troligen har Wendela sytt lapptäcket när hon gick på flickpensionen. Det är sytt för hand från början och senare lagat på maskin. Täcket tillhör Marie Arbin i Göteborg, till vilken Wendela var mormorsmor och Maria var mormor.

Marie undrade verkligen när jag lånade detta täcke till utställningen: "Det där gamla täcket, det är ju både trasigt, gammalt och smutsigt!" Det kom att bli ett av de mest beundrade lapptäckena på utställningen. Man kan läsa in en korsform i det, så det verkar vara rent sakralt. Någon annan tycker sig se något österländskt i täcket.

En välkänd konstnär stod och betraktade detta täcke i över en timme, gick runt länge på utställningen men återkom gång på gång till detta täcke och kunde nästan inte skiljas från det. Nästa dag kom han tillbaka tillsammans med flera av sina konstnärskollegor och de tittade tillsammans.

Numera är Marie Arbin stolt över mormorsmors gamla täcke och talar med glädje om det. Men det blir ju annorlunda när det hänger mot en vit vägg i en vacker lokal än när det ligger i en påse och tar plats i garderoben. Men trots allt var det sparat genom alla flyttar under 110 år.

Stockhustäcke med korsform. Halland. 1880-tal. 184 x 128 cm.

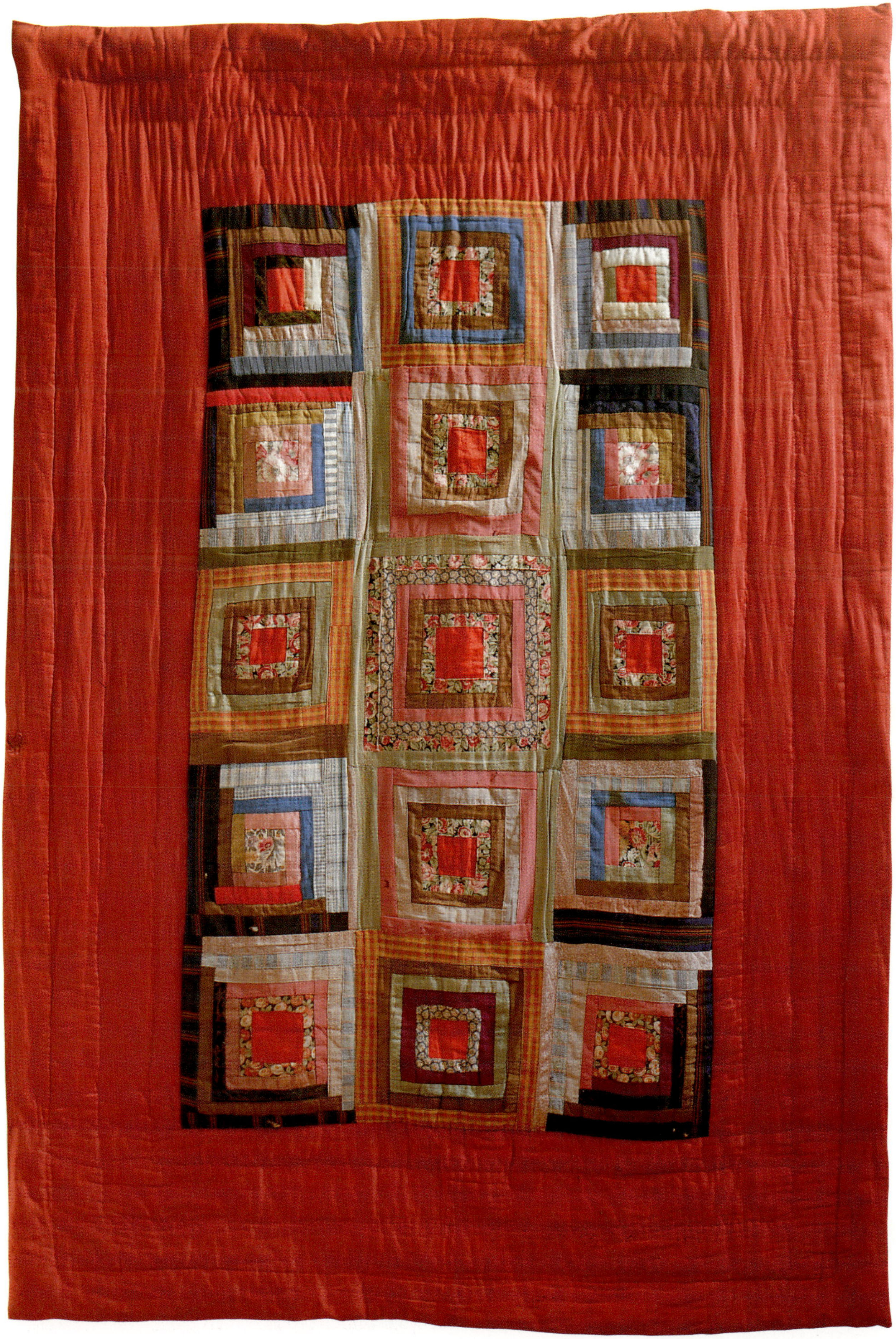

Olof Johansson med mamma Ruth. *Olof Johansson med systern Ingrid.*

Lapptäcke från Habo

Berättat av Olof Johansson i Habo:
"Min mormor Helga Håkansson föddes 1870 i ett lantbrukarhem i Ulvestorp. Hon hade sex syskon och gifte sig 1892 med Emil Rosén, en lantbrukare på granngården Dykärr.

Där föddes min mor Ruth 1894 och hon dog 1943. Hon hade sex syskon. Hon gifte sig med Ludvig Johansson som var lantbrukare på lantgården Kivarp. Där föddes jag 1919 och mina tre syskon. Dessa tre gårdar ligger i en triangel i Habo med ett inbördes avstånd av cirka 400 meter i ett öppet och leende landskap. På vilken gård man än står ser man de två andra och ägorna gränsar till varandra. En liten å slingrar fram, en väg likaså, det är verkligen en idyll så god som någon.

Exakt när mitt lapptäcke kom till kan jag tyvärr inte säga. Ofta stickade man täcken i hemmet i samband med att någon familjemedlem skulle gifta sig. Så var det till exempel då en av mina systrar gifte sig. Vintern innan ombads någon grannmora som var kunnig i täckstickningens ädla konst att komma till hjälp. Så satte man upp en täckstol och tillverkade täcken, ofta personligt präglade till form och färg allt efter fantasi och möjligheter."

Detta lapptäcke som är så ovanligt i sin färg och form kan man tycka har ett visst släktskap med ortens vackra träkyrka i samma färgskala. Troligen är det sytt någon gång 1900–1920 efter det att man sytt ett stockhustäcke. Man kanske hade remsor över och sydde fyra stockhusrutor och fyllde på med remsorna. Ovanligt och enkelt.

Ovanligt lapptäcke med bland annat stockhusrutor. Västergötland. Början av 1900-talet.

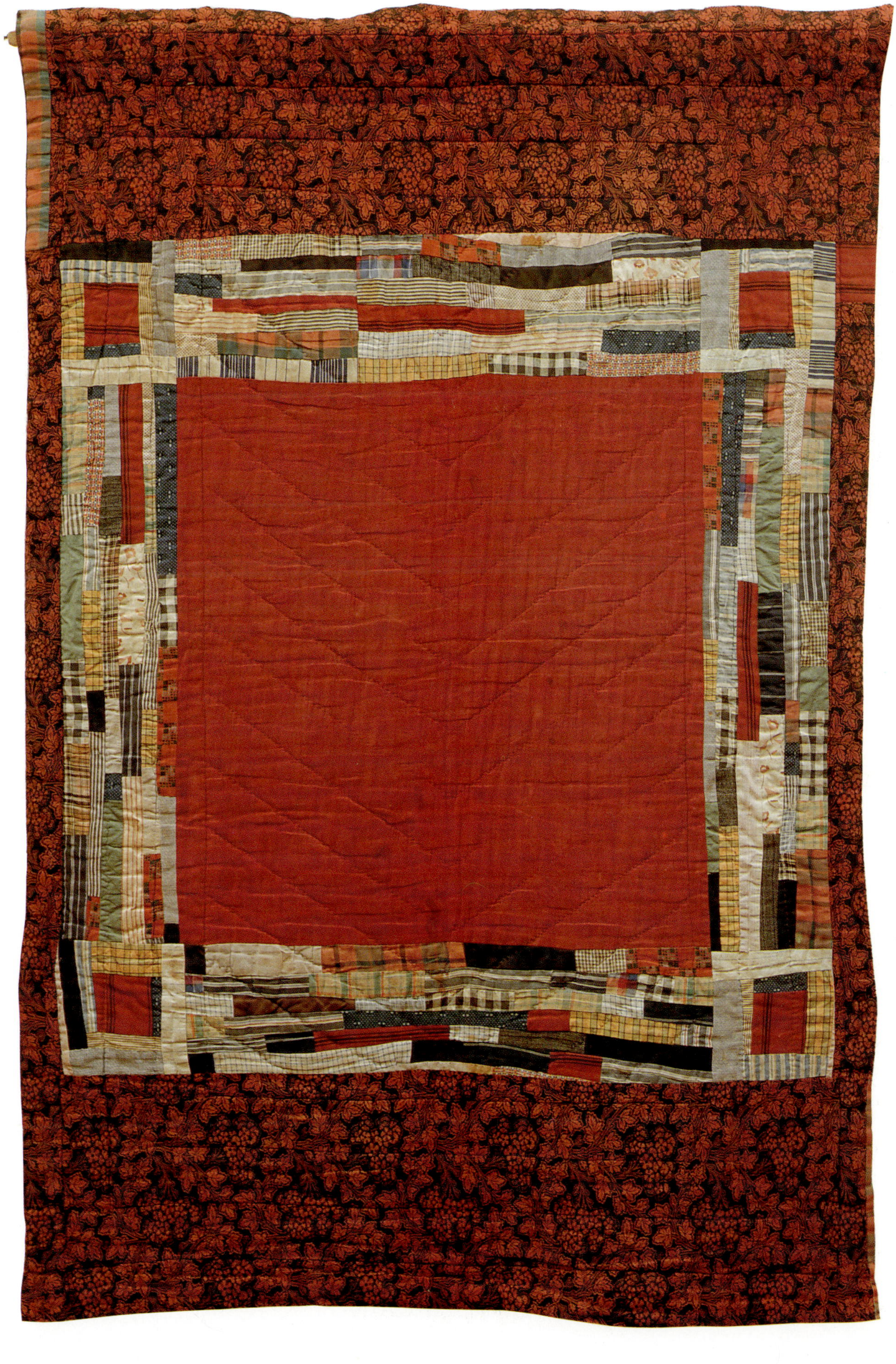

*Ovanligt svenskt täcke. Solfjädersmönster. Naum, Västergötland.
Omkring 1870. 176 x 136 cm.*

Solfjäderstäcket

Detta solfjäderslapptäcke är sytt av Kristina Nilsson, född Andersdotter. Kristina föddes 1843 i Bitterna, i Skaraborgs län, och hon dog 1908. Hon var gift med Anders Nilsson och de fick tre barn.

De bodde i Östergården i Naum socken fyra kilometer från Vara. Gården var välbärgad, därför kan man ha skaffat symaskin så tidigt: lapptäcket är sytt på maskin men är handstickat.

Täcket gick i arv till Elsa Jonsson, född Arvidsson, Främmestad, från Kristina Nilssons dotter Klara Johansson, som blev Elsas styvmor 1926.

Remstäcke. Ångermanland. Okänt tillverkningsår. 174 x 125 cm.

Täcke från Ångermanland

Varje ruta i täcket har remsor påsydda, hälften i ljusa tyger, hälften i mörka. Den första och sista remsan i varje ruta är något bredare och ibland bildar dessa yttersta remsor timglasmönster vid "mötena" mellan rutorna, beroende på remsornas färg och ljushet och hur man har vänt rutorna. Vi har inget namn på denna teknik på svenska, mitt förslag är remstäcke och/eller timglastäcke. På engelska heter det *Roman Stripes* (men då är halva rutan enfärgad) och vi har väl ingen anledning att kalla ett enkelt remstäcke för romerska ränder här i Sverige. Detta täcke har inköpts på en auktion i Ångermanland, åldern är okänd men det ser ut att vara från 1910–1920.

Maria Lindholm.

Linnesömmerskans täcke

Berättat av Barbro Ilvemo, Göteborg:

Maria Augusta Lindholm, som har sytt det här täcket, föddes i Finland 1872 och växte upp där. Hon blev kvar i Finland hela livet till sin död 1960. Hon var i alla år svensk medborgare. Fadern, Arvid Ferdinand Lindholm, kom med sina föräldrar från Trångfors bruk i Västmanland till Finland. Där gifte han sig med Augusta Sofia Holmgren.

Maria Lindholm växte upp på Strömfors bruk i Finland. I de tidiga tonåren föll hon nerför en vindstrappa och slog sig mycket illa. Hennes klagomål över smärtor som inte försvann uppfattades som pjosk. Så småningom insåg föräldrarna att ryggskadan var allvarlig. Ryggen fick en knöl och började krökas.

Föräldrarna reste tillsammans med Maria till S:t Petersburg (Finland var då storfurstendöme och hörde till Ryssland) där hon fick behandling. Bland annat fick hon ligga i sträckbänk. Skadan visade sig dock vara ohjälplig.

Föräldrarna beslöt då att Maria skulle få en utbildning för att kunna försörja sig, eftersom hennes tilltagande puckelryggighet skulle medföra att hon inte skulle bli gift. Maria sändes till Helsingfors där hon fick utbildning till linnesömmerska.

Fadern dog 1912. Modern flyttade till Lovisa, där fadern ägde en gård tillsammans med en av sönerna. Maria flyttade då med sin mor och bror till Lovisa. Förutom att sy till alla sina kunder virkade hon otaliga meter spets, dels till lakan, dels till borddukar och blusar. Dessutom virkade hon stora sängöverkast till släktens alla flickor. Hon stickade både vanliga täcken och lapptäcken i olika mönster. Hon fick beställningar från Sverige: sommargäster på besök i staden fick se hennes alster, kom in och beställde och hon levererade. Hennes lapptäcken spreds alltså både i Finland och över till Sverige.

Detta lapptäcke syddes 1938–39 till brorsdottern Gunda Lindholm. Hon fick det till sitt bröllop 1939 och det var avsett som gästtäcke. Gunda gifte sig med Gösta Carlsson, som var svensk medborgare och då bosatt i Lovisa. Vintern 1939–40 flydde de över till Sverige och bosatte sig i Örebro, där Barbro föddes 1942. Senare flyttade de till Göteborg.

Finskt-svenskt remstäcke. 1938–39. 192 x 137 cm.

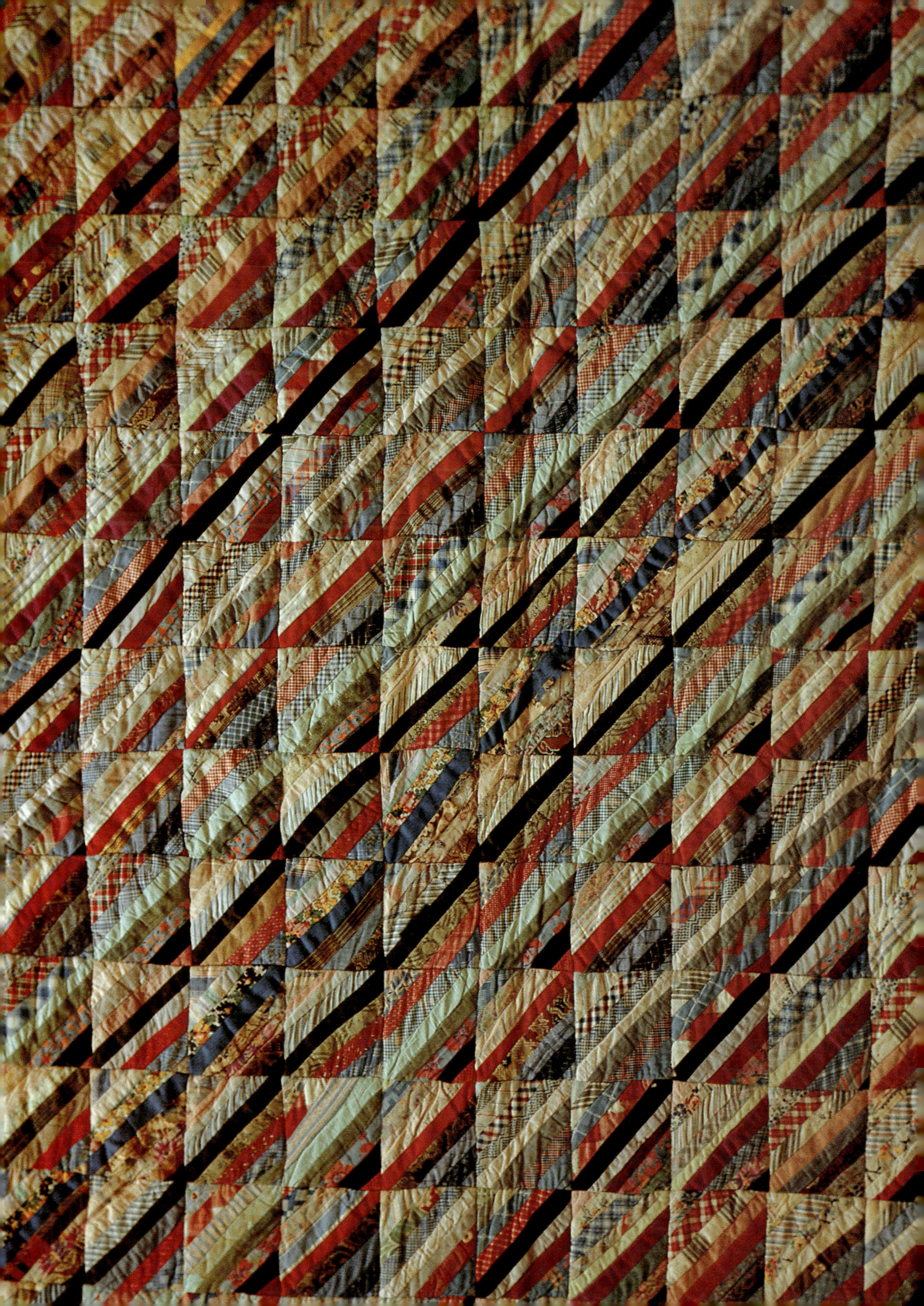

Broderat svart ylletäcke. Västergötland. 1898–99. 190 x 187 cm.

Hjällbo Nedregård.

Hjällbotäcket

Täcket är sytt och broderat av Maria Olsson som bodde med sin make på Hjällbo Nedregård fram till sin död på 1930-talet. Det användes att pryda sängen med när den var uppbäddad.

Maria, som hette Andersson som flicka, föddes 1858 på gården Torvhög i Bergum. Hon gifte sig med Pontus Olsson som var född 1857 i Angered. Hjällbo Nedregård ansågs i början av seklet vara en verklig mönstergård. Pontus var en föregångsman inom jordbruket och också en mycket aktad sockenbo med flera förtroendeuppdrag.

Detta täcke berättar så mycket om Maria och hennes liv! Hon hade ett stort intresse för främmande länder och hon läste många böcker. Hon broderade in det hon läste om – såsom vilda djur, till exempel lejon och elefanter – men även sådant hon hade runtomkring sig som köttkvarnen och gungan i trädet utanför. Eftersom Sverige då var i union med Norge är det unionsflaggan hon broderar in. 1898 var det inte så vanligt med cyklar, men Maria broderar in en cykel, hon var med sin tid!

Maria och Pontus fick inga barn, så de personer vars namn finns i täcket är pigor och drängar samt Pontus bror Aron och Marias syster Emma.

Jag ska aldrig glömma den kvällen när jag första gången fick se detta täcke. Det var när utställningen just hade startat hösten 1989. Vi hade bjudit in till ett program som hette "Kom och visa ditt nya eller gamla lapptäcke". Det kom massor med damer med många täcken, det var en sån där riktig "julafton".

Längst bak stod det en ensam herre med en liten påse. Han var lite osäker om han skulle våga sig fram med sitt täcke. Men hur det var blev det väl bara han kvar till slut så han öppnade sin påse och fram kom denna skatt. Vi var många textilare där den kvällen och även en hitrest expert från England och Marianne Erikson från Röhsska konstslöjdmuseet och vi bara tittade och tittade och upptäckte nya saker hela tiden.

Sven berättade om när han besökte Hjällbo Nedregård strax innan grävskoporna skulle riva hela gården. Han såg det gamla täcket sitta på en vägg inne på vinden, stod en stund och funderade om han skulle ta ner det, men slutligen gick han ut utan täcket. När han väl kom ut ångrade han sig och sprang in och drog ner det från väggen. Sedan kom grävskoporna.

När utställningen var i Angered var täcket med och spred kunskap om hur man handarbetade förr i världen i dessa trakter samt hur husen såg ut då.

När jag tittar på täcket brukar jag varje gång hitta något nytt motiv att beundra och fundera över. Man skulle säkert kunna doktorera på Marias täcke, vad det nu skulle vara för nytta med det. En sak är i alla fall säker – nu kan man inte längre slänga bort svarta yllelappar. Allt måste man spara på. För det vore roligt att få lov att göra ett eget täcke inspirerat av Marias.

Maria och Pontus Olsson.

Detaljer av Hjällbotäcket.

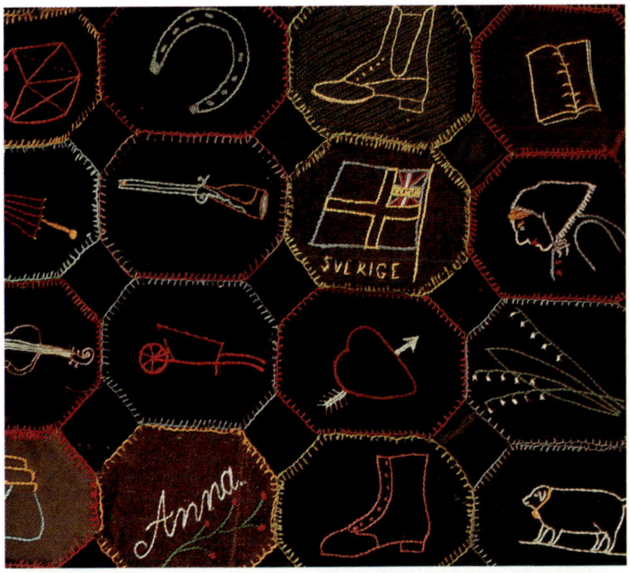
SVERIGE
Anna
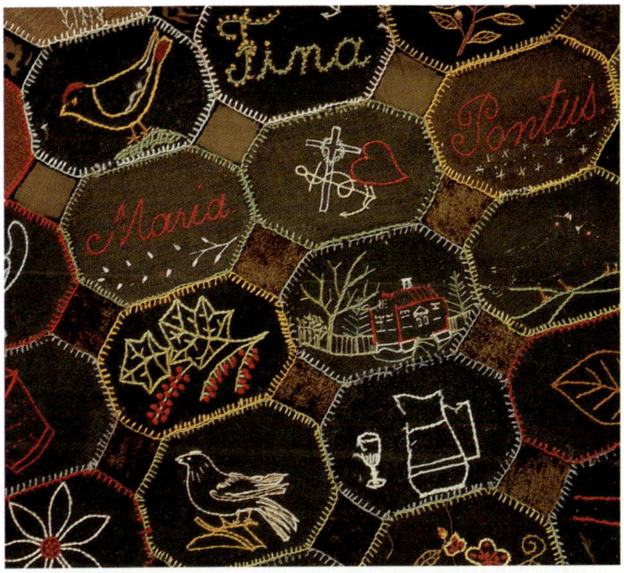
Fina
Pontus
Maria
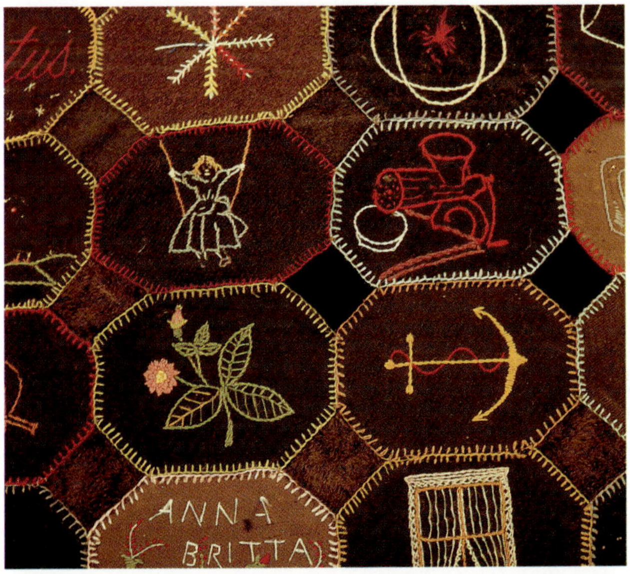
ANNA
BRITTA
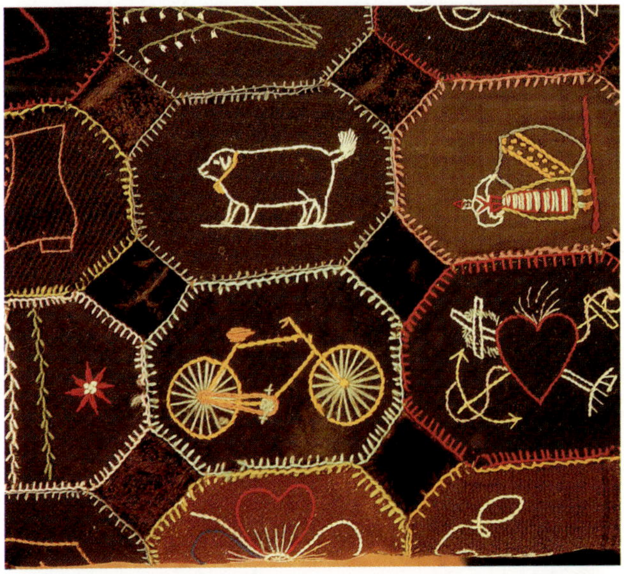
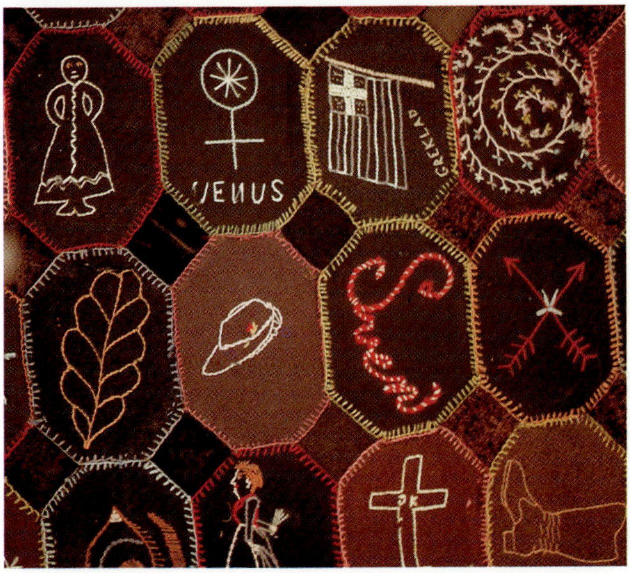
VENUS
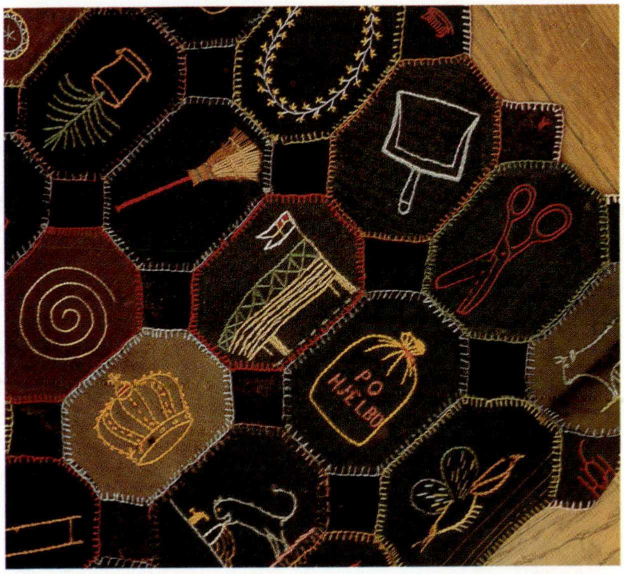

Alma Johansson sitter till höger på bilden.

Ölandslapptäcket

Alma Johansson föddes 1885 och bodde tillsammans med sin syster Ida i en liten stuga i Munketorp på norra Öland. Alma var ogift men hade en dotter, Marianne.

Alma var sömmerska och for med häst och vagn runt i stugorna och sydde täcken. Hon var handikappad och hade ett träben. Alma sydde dotterns bröllopstäcke, det enda lapptäcke som dottern minns tydligt. Däremot kommer hon ihåg att Alma fick två kronor i sylön för en klänning. Hur mycket hon fick i sylön för ett lapptäcke är det ingen som minns. Alma dog 1961.

Detta lapptäcke är beställt av Sigrid Johansson i Högby på Öland. Familjen Johansson hade speceriaffär med manufaktur vid kyrkan i Högby. Materialet till täcket kom från affären. Stockhusrutorna är sydda av rester från familjen Johanssons barnkläder, berättar deras dotter Marianne Johansson.

Almas stuga i Munketorp på norra Öland.

*Stockhustäcke.
Ljust och
mörkt. Högby,
Öland.
1920-tal.
240 x 120 cm.*

Fotot föreställer Johanna Johansson vid 17 års ålder. Troligen finns någon lapp från Johannas blus med i täcket.

"Mostermammans" bröllopstäcke

Anna Johansson föddes 1859. Hon var ogift och hade ett litet jordbruk i Mölnebo på Tjörn, Bohuslän.

Hon stickade vantar och sockor men sydde även lapptäcken och sålde för att få kontanter. Anna hade inga egna barn. Hennes syster, som också var hennes granne, hade många barn, så Anna tog hand om och uppfostrade en systerdotter som sin egen.

Systerdottern hette Johanna Johansson och var född 1879. När Johanna skulle gifta sig 1906 sydde hennes "mamma" (moster) Anna detta täcke som bröllopstäcke. Johanna gifte sig med Emanuel Olofsson, som var född 1876. Han hade varit några år till sjöss, så de kunde köpa sig en gård i Gläshed på Tjörn. De fick tre barn.

*Täcke med rektanglar.
Tjörn, Bohuslän. 1906.
188 x 150 cm.*

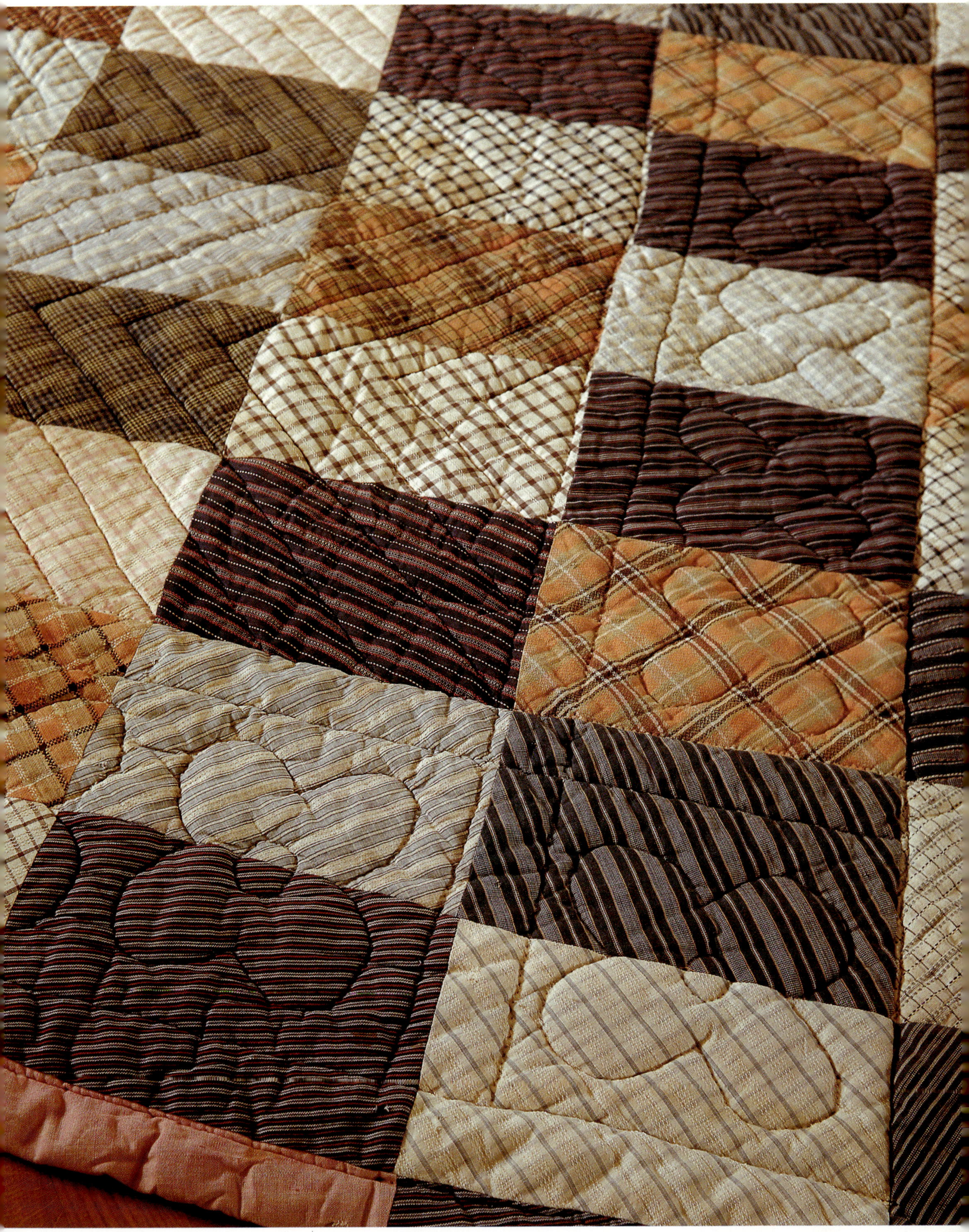

*Stockhuslapptäcke, takstolar. Viks Ödegärde, Tjörn,
Bohuslän. 1929. 197 x 156 cm.*

Britta och Jan Andersson.

Ränderna går aldrig ur

Berättat av Anna Jansson, Viks Ödegärde, Tjörn, sonhustru till Britta Andersson, som sytt detta lapptäcke:

"Lapptäcket är sytt av min svärmor Britta Andersson 1929. Mina svärföräldrar Jan och Britta Andersson var jordbrukare. De var nästan lika gamla, och var födda den 14 och 22 september 1872. Först hade de ett ställe i Stenkyrka som brann. Så stod de nästan på bar backe, men bodde kvar där i någon liten stuga över vintern. Jag brukar tänka på det ibland, det måste ha varit en väldigt strävsam vinter med alla barnen. 1912 köpte de detta huset och flyttade hit. Min man John var då sex år. De hade ett par hästar, fyra mjölkkor, några ungdjur, två grisar och lite höns. Barn hade de nio stycken, men bara fem, sex blev vuxna, några dog i spanska sjukan – annars hade de nog ett bra liv. Men sorgerna kom när barnen dog, men om jorden är glödande så får man trampa på den, det är bara att fortsätta trots de svåraste sorger. Allt är väl utstakat innan, det är nog någon där uppe som styr. Jag tror att de trots detta hade ett bra liv, men visst fick de sträva och arbeta. Nog var det mycket hårt kroppsarbete, för de hade ju inga maskiner eller motorer till hjälp. Allt fick ske med handkraft och så hade man ju hästarna till hjälp.

Lapptäcksmönstret lärde sig Britta av min faster från Skåpesund på Orust. Hon satt här i köket och sydde och hade remsorna på bänken och trampmaskinen stod i hörnet. Här har vi sytt så många lapptäcken att jag kan mönstret utantill. Britta var nog inte så särskilt duktig att sy.

Men man var ju tvungen att försöka så gott man kunde att sy de kläder man behövde.

Britta sydde lapptäcken sedan barnen blivit stora, det var hennes hobby. Så alla barnen fick varsitt lapptäcke. Att hon sydde detta täcket med ett mörkare parti i mitten berodde på att hon hade sådana trasor och att de räckte så långt.

Jag kom till gården 1927, så nu har jag bott här i 65 år. Jag kom bra överens med svärmor. Mina svärföräldrar blev rätt gamla. Jan dog när han var 94. Britta var 98 när hon dog och de sista fyra åren hjälptes vi i familjen åt att sköta henne sängliggandes. Men vi klagade inte, det var som det skulle vara."

Under hela vårt samtal sitter Annas man John bredvid, gång på gång säger han: "Ja tia ho går." Han ser så förnöjd ut och plirar med ögonen. Jag tror även att detta gamla par har haft ett bra liv.

Jan och Britta Andersson, Viks Ödegärde, med vänner och släktingar på gården.

Familjen Andreasson framför Mellby gård 1895. Pappa Anders och mamma Stava samt barnen Bernhard, Alma, Selma och Hilda. Bilden hör till bröllopstäcke från Tjörn på nästa sida.

Stockhustäcke. Tjörn, Bohuslän. 1880-tal. 175 x 173 cm.

Bröllopstäcke från Tjörn

Detta täcke kommer från Mellby gård på Tjörn. Det syddes 1880 till bröllopet mellan Gustava (Stava) Hansdotter och Anders Andreasson. Stava föddes 1850, gifte sig 1880 och fick fyra barn: Bernhard, Alma, Selma och Hilda. Stava dog vid 90 års ålder. Almas dotter Sigrid Nicklasson, som nu är pensionär, bor på Mellby gård. En gång när jag var och hälsade på henne frågade jag om hon inte hade något gammalt lapptäcke liggande. "Jo, jag har väl något gammalt på vinden", sa Sigrid och tog fram detta fina bröllopstäcke.

När hon hörde hur förtjust jag var i lapptäcket började hon senare använda det till att sitta och dricka saft på när hon for och badade med sina barnbarn runt Tjörns badstränder. Under flera år har nu täcket beundrats på utställningen och varit förskonat från saftkalasen på stränderna. Och nu är det i alla fall förevigat i denna bok.

Sticktäcke från Uteby, Tjörn

Detta är skrivet efter möten och samtal med Annie Carlsson, Harestad, som är uppväxt på Olsnäs, Tjörn, och har ett stort intresse för Tjörndräkten och Tjörns historia:

Täcket ägdes av handlanden August Olsson som bodde i Djupvik på Tjörn. Han samlade föremål från sin hembygd, däribland även en del dräktplagg, både för kvinnor och män. Bland dessa fanns det flera livstycken för kvinnor, vilka var vävda med krabbasnårsmönster. Det fanns både röda, blå och gröna livstycken.

Detta täcke är väl egentligen inget riktigt lapptäcke, eftersom det bara är två olika tyger i det. Det är förmodligen ett av de äldsta täckena i denna bok. Jag ser vissa likheter mellan detta täcke och det äldsta i Skaraborgs län från 1792 (se sidan 11). Dessa två täcken verkar på flera sätt ålderdomliga till sin karaktär. På det här täcket är sticksömmen troligen sydd med handspunnet lingarn, fodret är av ganska grovt hemvävt tyg och stoppningen består av linblånor. Täcken stoppade med linblånor var lite svalare och användes mest sommartid, men de är ganska tunga.

På ytterkanten har täcket hemvävt indigoblått tyg med krabbasnårsmönster. Det innersta tyget är ett köpetyg, ett rött blommönstrat damasttyg, delvis med broscheringar – inplock – i avvikande färger. Någon har sagt att det kan vara ett köpetyg från England som har tagits hem av en sjöfarande, kanske till fästmöns klänning. Många flickor på Tjörn hade förr en röd, blå, grön eller gul klänning, som de oftast vävt tyget till själva. Klänningarna var delade i midjan. När flickorna hade gift sig fick de inte längre använda klänningar i glada färger. Och då passade det bra att använda kjolen i ett täcke, som här i mittbiten. Då blev dessa tre kjolvåder insydda i täcket som ett minne av flydda dagar.

Men det som för mig är mest intressant i detta täcke är egentligen det blå krabbasnårstyget. Att det var detsamma som används i livstycket i Tjörndräkten, det visste jag redan när jag träffade Annie, som håller på att forska lite kring Tjörndräkten. Hon har en teori om att dräkten förr hade krabbasnår även i kjolen och inte enbart i livstycket som nuförtiden. Och här fanns kanske beviset!

Jag hade hört talas om att det skulle finnas ett liknande sticktäcke på Göteborgs Historiska Museum. Annie och jag stämde träff där för att se om vi kunde komma närmare gåtans lösning. Det täcket har också en blå kant med krabbasnårsmönster. Täcket har även ett rött krabbasnårsmönstrat mittparti. Så kanske man hade både röda och blå kjolar med krabbasnår.

Hembygdsgården på Bräcke har ett livstycke från början av 1800-talet som kommer från Lind. Vi jämförde det blå tyget i täcket från

Täcke från Tjörn, Bohuslän. Okänt tillverkningsår. 183 x 146 cm. Tillhör Tjörns Hembygdsförening på Bräcke.

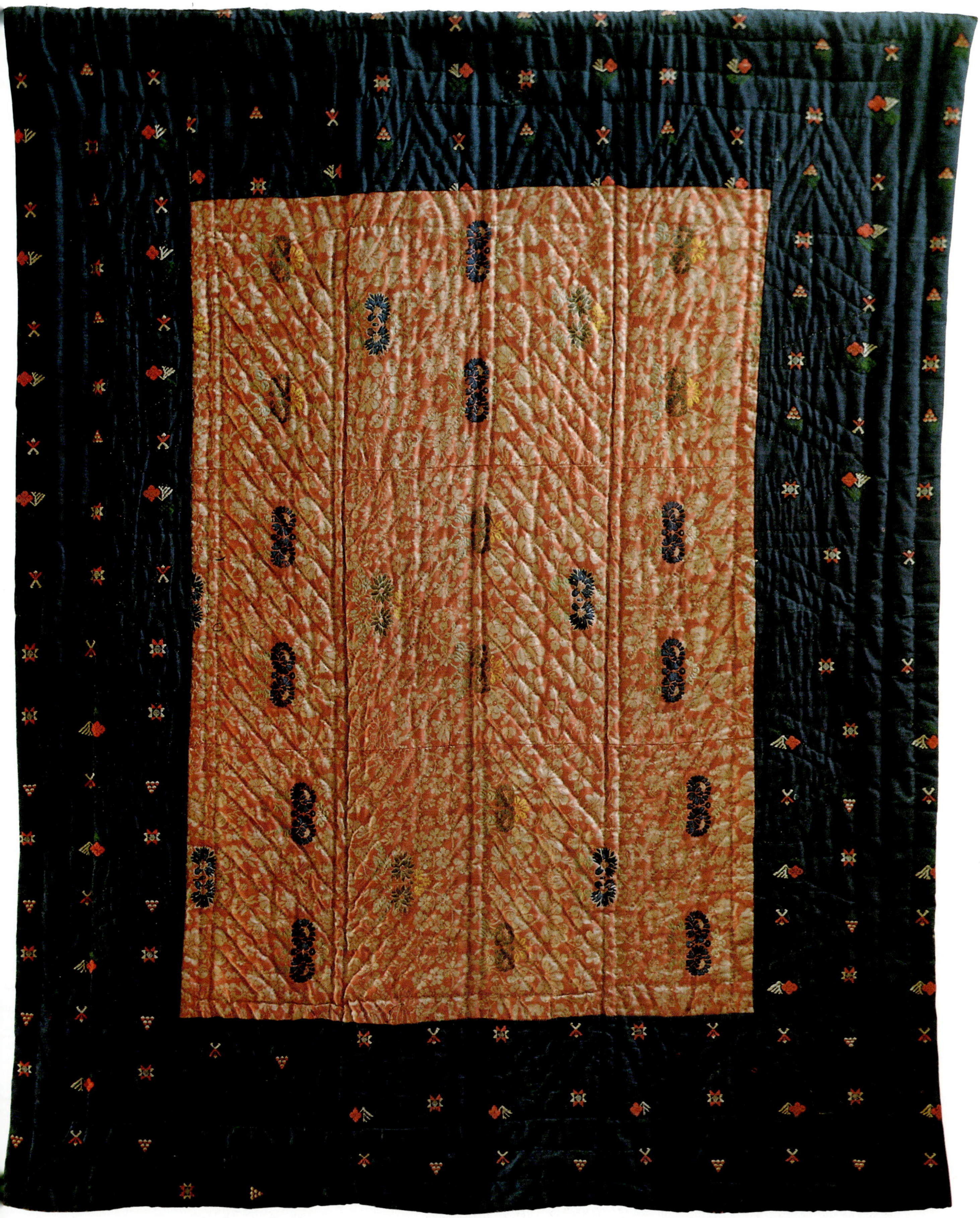

Uteby med det blå livstycket. Det blå tyget var inte riktigt lika, men däremot var garnet till krabbasnåret likadant.

Vem hade då haft täcket från Uteby innan det kom i August Olssons samlingar? Några skriftliga uppgifter fanns inte. Vi tog täcket med oss och hälsade på hos Hildegard Wallenfeldt, som är 98 år gammal och till vilken August Olsson var farbror. Vi frågade henne vem som haft täcket och hon svarade genast "Magdalen". Och vem var då hon? Annie frågade flera bekanta och de kom slutligen fram till denna släktkrönika:

Kristian Andersson föddes 1747 i Lind, Hakenäset, Tjörn, och dog 1796. Han var båtbyggare och gift med Kerstin Tollesdotter. Deras son, Anders Kristiansson, var båtbyggare och gifte sig 1805 med Margareta Svensdotter. De bodde i Lind. Deras femte barn var Anna-Britta Andersdotter, som gifte sig med Olof Berntsson på Bräcke. Ett av deras tolv barn var Magdalen(a) Olofsdotter (1856–1944). Hon gifte sig med Edvard Larsson i Uteby. De fick inga egna barn. Eftersom de inga barn hade var det inte så konstigt att täcket kom till Bräcke. Magdalen var syster till August Olsson. August hade kanske ärvt täcket efter sin syster. Men vem hade nu gjort kjolen och livstycket?

Livstycket i hembygdsgården på Bräcke var vävt och sytt i Lind i början av 1800-talet, det visste vi. Vi förmodar att det är Magdalens mormor Margareta Svensdotter (1785–1870) som har vävt och sytt kläderna och även använt dem, för det stämmer med tiden. Någon har sedan sytt täcket till Magdalen, kanske hennes mor Anna-Britta.

Tjörnborna har ett uttryck för allt som är mönstrat. De kallar det för "rosser" och då betyder det inte rosor utan mönstrat. Så ett mönstrat tyg med krabbasnår kallar de för ett tyg med "rosser". Man har väl inte brytt sig om att höra efter ordentligt utan har trott att de menar ett tyg med vanliga rosor. Kanske har man tänkt att det ser väl vem som helst att det inte är några rosor på kjolen och har därmed slagit bort teorin att kjolen också skulle ha varit mönstrad. Så tror Annie att det kan ha gått till, för hon är ju helt övertygad om att Tjörndräkten hade krabbasnår i kjolen också från början. Nu tycker hon att hon har funnit beviset i det här täcket. Tänk om det är sant – då får alla som har Tjörndräkten ett fasligt sjå att väva nya kjorteltyger till sina dräkter. Tänk vad ett täcke kan ställa till med.

"I varje stuga, som besöktes, hade de sticketäcken, stickade av gamla hemvävda kläningar. De bättre täckena vore övertyget av en silke- eller kasimers schal i mitten med bård ikring av klänningstyg. Schalarna voro i regel utslitna, men klänningstyget är outslitligt; det visades klänningstyg, som hålt ut två och skulle sättas på det tredje täcket. Dessa täcken komma alltid fram vid tal om kläningar och dräkter." (Nordiska museet E U 4269, Jörlanda socken, Bohuslän)

"I Helenas tidigaste ungdom blev det brukligt med sticketäcke. De tillverkades av blångarnsväv till foder, ofta av ett något använt lakarn. Till övertyg använde man ofta kjolen efter en sliten klädning, en rutig för rutan i mitten och en slät eller randig till karm-bård." (Nordiska museet EU 746, Torsby socken, Bohuslän)

Askerötäcket

Detta täcke, som är ovanligt långt, är troligen iskarvat och förlängt så att det skulle räcka till någon lång person. Man kan se att det har blivit lagat med hjälp av en förklädesficka som sitter upp och ner ovanför mitten till vänster. Under den översta raden med stockhusrutor är täcket lagat med ett gammalt blommigt skärp vilket får det hela att påminna om en huslänga med fönster och blommor framför. Lapptäcket hittades på en torpvind på Askeröarna. En torparmor sydde säkert täcket vid sekelskiftet – hon var inte dålig på att komponera med den lilla materialtillgång hon hade. Om man kisar ser man att även iskarvningen håller ihop kompositionen.

Lapptäcke i stockhusmönster. Askeröarna, Bohuslän. Förmodligen sekelskifte. 211 x 118 cm.

Valsängstäcket

Detta lapptäcke är sytt av mestadels hemvävda tyger. Kanske hon som sydde täcket fick sin inspiration om hösten från klipporna och ljungen. Stickningen är mycket ståtligt gjord och inramas av en mera vårlik "tulipanastickning". Man kan fantisera om hur en Tjörnsjöman kom hem till sin hustru med tulpaner från Holland, hon såg dem och det fick bli hennes nya stickmönster – det är faktiskt möjligt. En del av de hemvävda tygerna kan man även finna i "Täcke från Bräcke". Fast det var en bit mellan Valsäng och Bräcke gick man till varandra och bytte lappar för att få variation i sina lapptäcken.

Lapptäcke från Valsäng, Tjörn, Bohuslän. Troligen sekelskifte. 179 x 146 cm. Täcket tillhör Tjörns Hembygdsförening på Bräcke.

Täcke från Bräcke

Hembygdsföreningen på Bräcke äger täcket med okänd ålder. Bohuslän. 183 x 145 cm.

"Lapptäckets förtjänster är delvis de samma som trasmattans: de är något av en 'hushållsgris', som ger nytt tillbaka av gamla rester, och i lyckliga fall får det också charmen av en minnesbok, där man kan bläddra, känna igen och minnas." (Form 1953, omsl. s 211)

"Lappar syddes ihop till ett täckesövertyg, lapptäkke. Dessa övertyg voro mycket färggranna rent av vakkra efter husmors kombinationsförmåga." (ULMA 27755)

Moster Allis lapptäcke

Detta täcke är sytt av Alfhild Neuman Andersson, som föddes 1879 i Ucklum, Bohuslän. Familjen flyttade efter några år till Trollhättan där Alfhild och hennes syskon växte upp. 1905 flyttade Alfhild till Göteborg där hon försörjde sig som linnesömmerska. Hon sydde skjortor som hon fick tillklippta, så kallad lönsömnad. 1915 gifte sig Alfhild med Mauritz Andersson. Åren 1918–22 var han anställd vid Brunnsviks folkhögskola och då arbetade Alfhild där som sömnadslärare. Senare bodde hon i Sävedalen. Sonja (Tojan) Rindby, Alfhilds systerdotter, berättar:

"När jag och mina syskon var små och sov över hos moster Alli låg vi i en kökssoffa som bäddades med lapptäcket. Hon sydde flera lapptäcken. Alfhild vävde också trasmattor. Inte precis vanliga utan efter egna idéer. Hon virkade koftor till mig och mina systrar. Koftorna såg ut som små jackor, en gång var de tomatröda som vi hade till blå veckade kjolar, en annan gång var tröjorna i melerat garn. Moster Alli fungerade som reservmamma för oss när det behövdes. Hon hade inga egna barn. Vi kallade henne för vår mostermamma. Hon dog 1950."

Alfhild Neuman Andersson 25 år gammal 1904.

Bilden är från 1949. Moster Alli sitter till vänster och systern Lillie (som är Tojans mamma) till höger. Bägge systrarna tyckte mycket om att handarbeta.

Täcke. 1920-tal. 173 x 151 cm.

Matilda (Tilda) Halling.

Medelpadstäcke

Detta ovanliga täcke är sytt av Matilda (Tilda) Halling (1868–1954). Tilda var gift med Nils Olof Halling. De bodde på en bondgård i Rotvik by i Njurunda socken. En bekant till dem, Göta Blomkvist, berättar:

"Hemmet var förmöget och man hade tjänstefolk. På morgonen när ladugården var avklarad diskade man morgondisken och sedan fick jungfrurna hjälpa till med att märka handdukar, sticka strumpor eller sy ihop lappar till lapptäcken.

Hade man jungfru så hade man också lapptäcken, för de fick sy ihop lapparna. Ingen fick sitta sysslolös, men alla kunde ha ett lapptäcke, om man bara hade energi att sy lapptäcken var det ingen kostnad. Alla gjorde täcken. Det gjorde man bara. Det var liksom självhushåll. Det var ju bara så.

Husfrun, det vill säga Tilda, ledde arbetet med lapptäckssömnaden. Alla var händiga. Alla var tvungna att väva, man hade bara hemvävt, Tilda ledde även arbetet med vävningen.

Tilda och Nils Olof fick bara ett barn, dottern Hanna (född 1899). Hanna hade ett ben som hon inte kunde böja. På 1920-talet gick Hanna på Ålsta folkhögskola. Det var lite fint och ovanligt att flickor kostades på utbildning då, men det var nog för hon var enda barnet. Hanna vävde mycket även hon. 1937 gifte hon sig med Erik Sundkvist, som då flyttade till gården. Erik dog på taket i snöskottning 1969 och Hanna dog året därpå. Eftersom de var barnlösa såldes hela hemmet på auktion."

På auktionen köptes täcket för 50 kronor av Majvor Tägtström i Sundsvall. Majvor använde täcket som överkast på sitt sommartorp i flera år. Därefter har det legat i hennes gömmor tills lapptäcksutställningen kom till Sundsvall 1990, då jag fick köpa täcket.

Lapptäcke sytt i kombination av stockhus- och ananasmönster. Njurunda, Medelpad. 1920-tal. 197 x 137 cm.

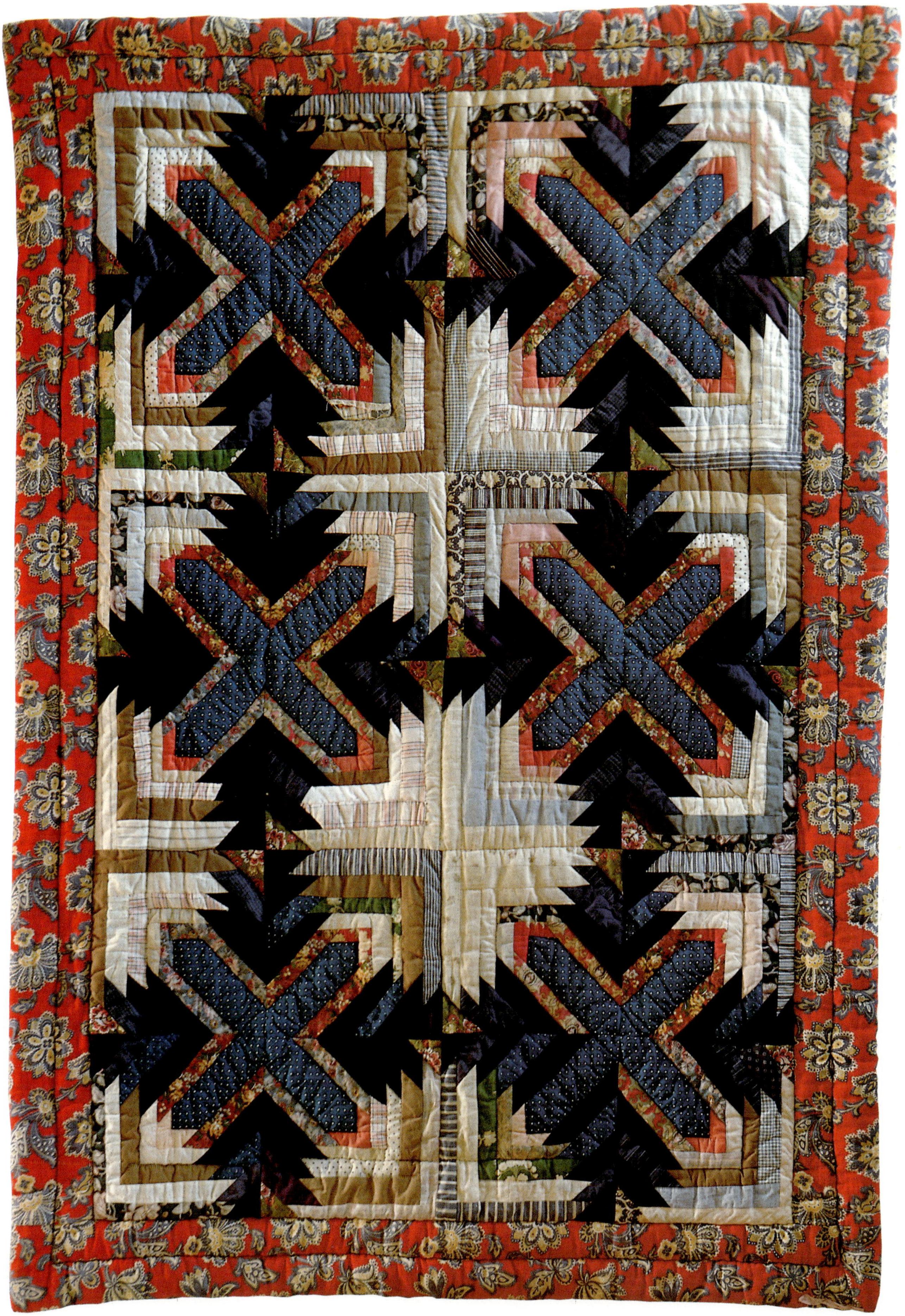

Stjärntäcken sammansatta av romber eller stjärnor kombinerade med timglas. Utvängstorp, Västergötland. 1910–30.

Mari i Stenbacken

Mari i Stenbacken hette egentligen Maria Eriksson och var född 1863 i Utvängstorp i Västergötland och hon dog 1951. Hon föddes dövstum och var på grund av det rätt lynnig. Pappan var stenhuggare och mamman lärde henne att sy. En släkting som var direktris på Gamlestadens väverier i Göteborg gav henne lite tyglappar ibland. På sommaren gick hon runt med en korg och fick tyglappar och på vintern åkte hon runt på skidor (med en stav) i gårdarna och fick tyger till sina lapptäcken som hon sydde på beställning. Hon sydde allt för hand och stickade täckena i en täckstickningsstol. Täcken med stjärnor sammansatta av romber sydde hon i en mängd olika färgvarianter. Men hon sydde även andra täcken där stjärnorna kombinerades med timglas. Hennes täcken syddes 1910–30. Hon fick 1 krona och 75 öre för en täckyta.

Många av Maris lapptäcken kom fram vid den stora inventeringen av lapptäcken som gjordes 1990–91 av länsmuseet och hemslöjden i Skaraborgs län. Som riktiga smycken minns man hennes lapptäcken på museerna i Falköping och i Tidaholm.

Mari i Stenbacken. Foto: Falbygdens museums bildarkiv.

Stenbacken.

107

Elisabets täcke

Berättat av Elisabet Larssons dotter Alva Hall:

Elisabet Larsson föddes i Varola mellan Skövde och Hjo i Skaraborgs län år 1865 och hon dog 1937. Hon sydde detta lapptäcke 1898 av sin mammas gamla hemvävda klänningar. Många av dem är från mitten av 1800-talet. Det vackra blå tyget är från en klänning som Elisabets mamma hade när hon var gäst på ett bröllop. Fodret på täcket är hemvävt även det. Årtalet 1898 är insytt i täcket.

Elisabet gifte sig vid 36 års ålder 1902 med Anders Gustaf Karlsson. Han var lantbrukare och de övertog Elisabets föräldrars gård Djurshult. Mangårdsbyggnaden var speciell, ganska stor i prästgårdsstil. Elisabet fick två barn och hade mycket arbete och möda. Många var lejda för att hjälpa till med arbetet på gården. Allting var ju handarbete på den tiden. Oxar drog, man slog med lie – man hade ju inga maskiner.

Bland mycket annat ledde hon arbetet med vävning av trasmattor. På gården odlades linet till deras egna lakan. Det var ju en lång procedur innan man kunde spinna det. Sedan vävdes lakansväven på gården. Fram på 1920-talet kunde man fara med häst och vagn till Madängsholms fabrik i Tidaholm och lämna lin och få färdigt lingarn i stället. Då sparade man in mycket arbete.

Lapptäcket har Alva sett sedan hon var liten. Hon minns även att man lagade gamla täcken med ny väv. Det var ett stort arbete, så det brukade komma en äldre man och hjälpa till med det, men man var också flera stycken som hjälptes åt. Då tog man fram täckbågen till hjälp vid stickningen.

Täcket är sytt 1898.

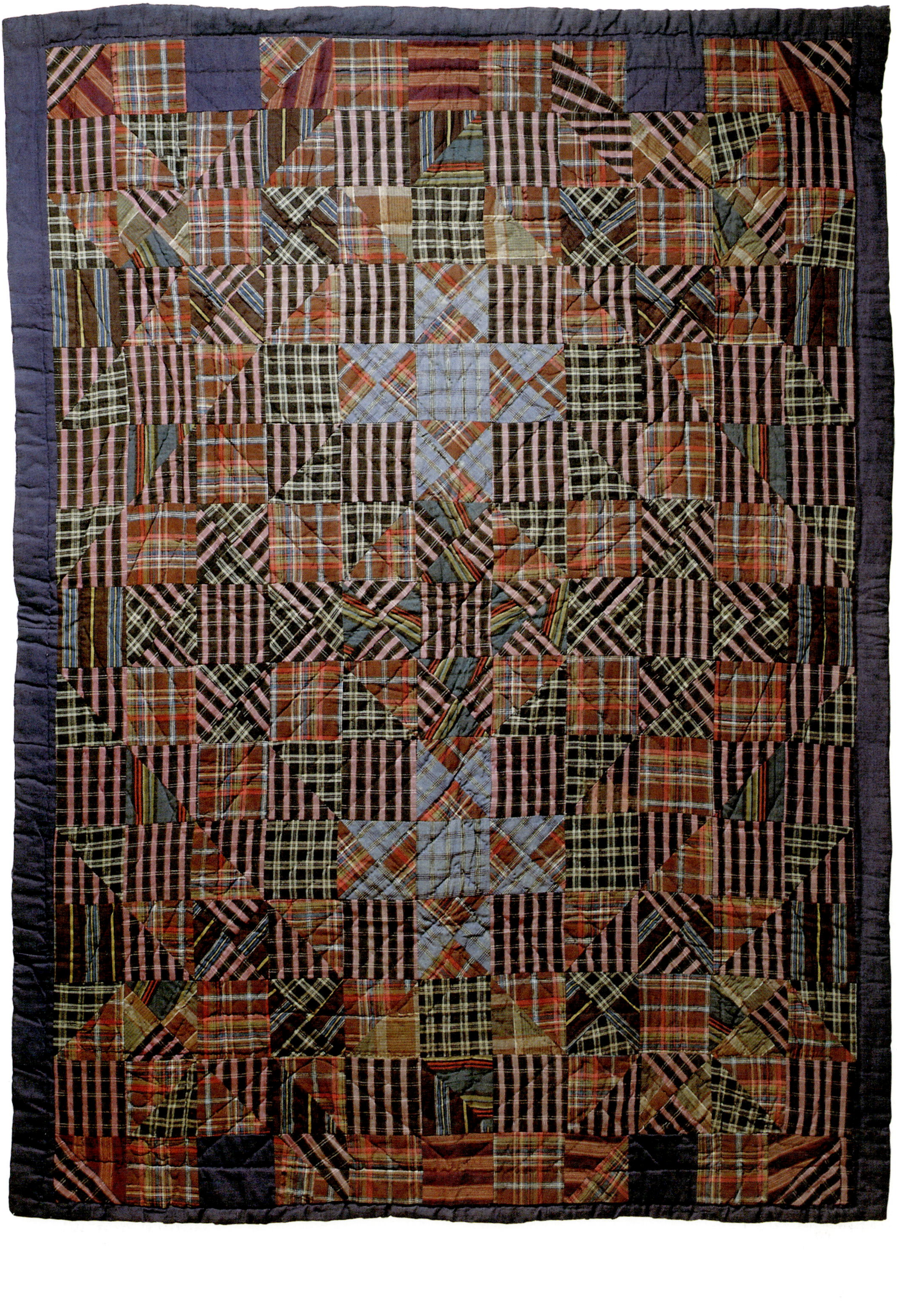

Emmas täcke

Detta lapptäcke är sytt av Emma Kristina Andersdotter-Bengtsson. Hon föddes 1856 och levde tills hon var 97 år. Emma var storasyster till Gunvor Anderssons mormorsmor. Gunvor besökte ofta Emma och fick då sova under lapptäcket i det lilla gästrummet på vinden.

Gunvor tänker ofta på stunderna i Emmas hus när hon lärde sig gamla ramsor och uttryck från förr och hon gläder sig ofta åt detta: "Det är som en riktig skatt man fått med sig genom livet", säger hon. Och lapptäcket fungerar som en bro till den tiden när Emma stoppade ner henne i sängen och berättade om de olika lapparnas tidigare liv. Gunvor berättar:

"Emma var ett väldigt duktigt och resolut fruntimmer. Hon skötte marketenteriet på Axvall i Skaraborgs län. Hennes syster var gift med en regementsmusiker och de hade flera barn. Systrarna bodde nära varandra, Emma hade också ett eget hus. Hennes hus hette Lövängen och låg på Mejerigatan. Emma fick tvillingpojkar trots att hon var ogift. Pojkarna David Ingvar och August Sameo föddes som oä ('oäkta' barn). Vem som var far till pojkarna talade Emma inte om. Men sönerna bytte konstigt nog efternamn efter konfirmationen vid 16 års ålder till Edlund, vilket var ovanligt.

Deras mor Emma arbetade hårt för sin familj. Förutom sitt vanliga arbete gick hon upp tidigt och bakade till folk och sålde. Hon och hennes syster var intresserade av alla slags handarbeten och Emma hade både vävstol och täckstickningsstol på vinden. Sonen David förlovade sig men fick aldrig uppleva sitt bröllop – han dog i spanska sjukan. Emma och August hade i alla år mycket kontakt med hans fästmö även sedan hon så småningom gift sig med någon annan.

Emma hade ett litet gästrum på vinden där en säng alltid stod bäddad med lapptäcket som hon sytt och med hennes hemvävda lakan med hemvirkade spetsar på. När hon var 90 år bröt hon lårbenshalsen, och på den tiden kostade man inte på så gamla människor operation, så sina sista sju år förflyttade hon sig med hjälp av en köksstol som hon sköt framför sig."

Emma Kristina Andersdotter-Bengtsson med tvillingsönerna David Ingvar och August Sameo, som från sexton års ålder hette Edlund i efternamn.

*Västergötland.
Okänt tillverkningsår.
216 x 147 cm.*

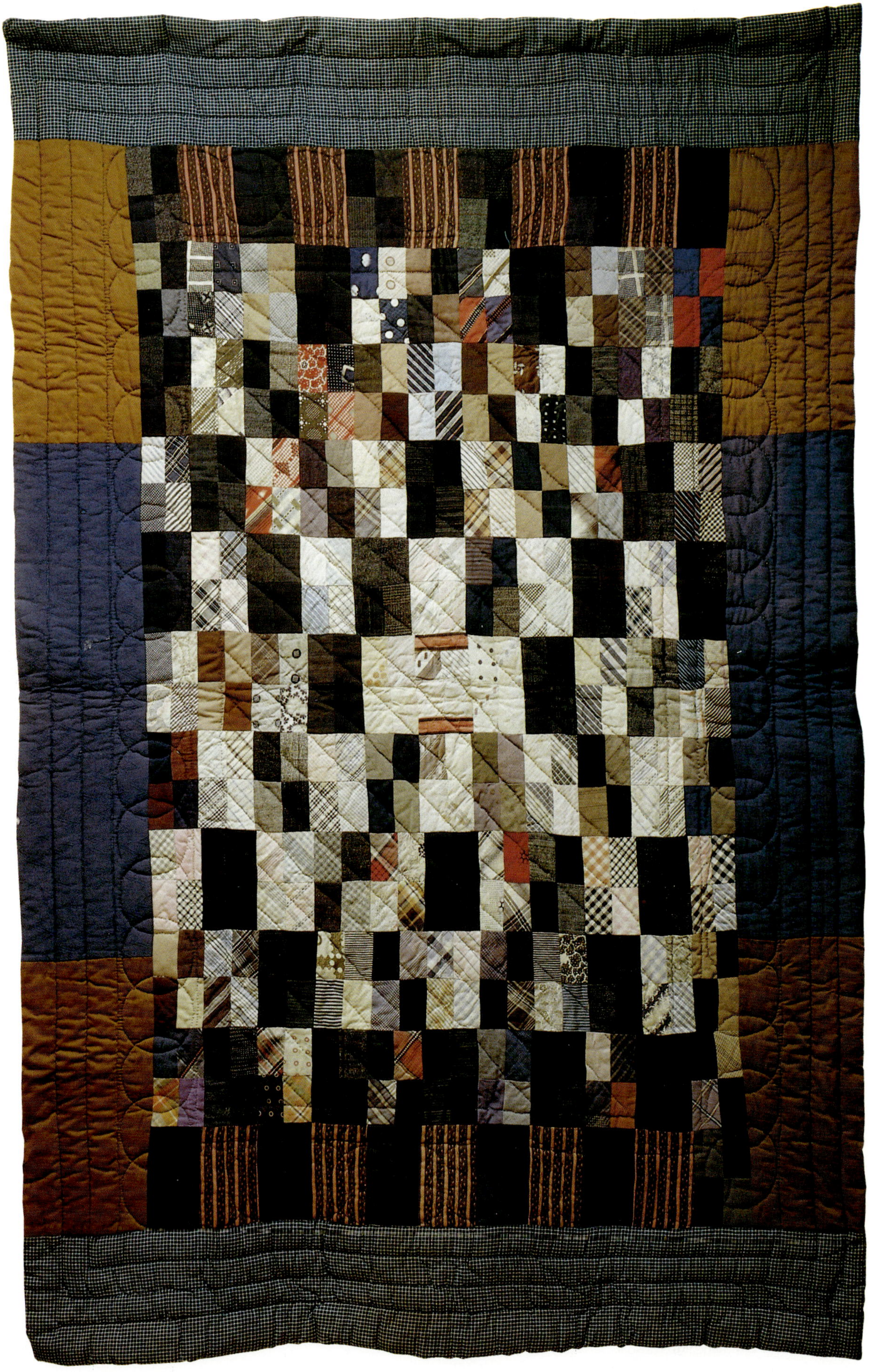

Täcke från gård med anor

Detta lapptäcke är sytt av Anna Lisa Eriksdotter som föddes 1794 i Torp, Bolstad, Dalsland, och dog 1875 i Ingevalds-Berga. Hon är farmors farmor till nuvarande ägaren till täcket, Gunborg Olsson född Ljung, och till den som har berättat detta, Olof Ljung, Melleruds Museum. Anna Lisa Eriksdotter var gift med Bryngel Olofsson (1778–1858) i Ingevalds-Berga. Denna gård har varit i samma släkts ägo i över 400 år och från gården härstammar många kända personligheter såsom ärkebiskopen Johan Olof Wallin, amerikanske arméchefen Ernest Dahlqvist, Minnesotaguvernörerna Luther Ljungdahl och Wendel Anderson, för att nämna några. Gården ägs i dag av ättlingar i 15 generationer från den förste kände ägaren, prästmannen Ingwaldus Laurentius, som levde i början av 1500-talet.

Lapptäcket är handsytt och stoppat med vadd från gårdens får.

Täcket är 168 x 138 cm.

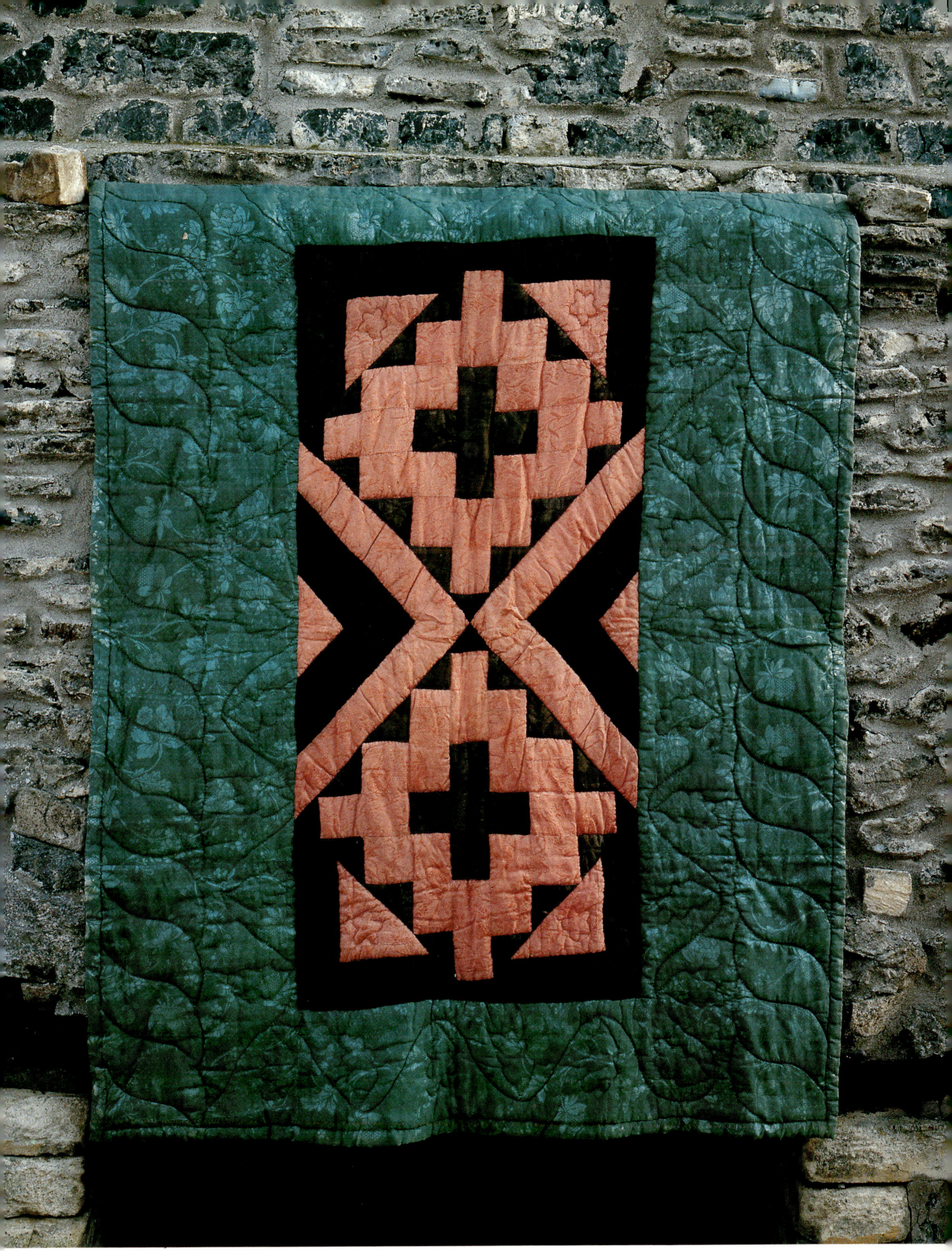

Gåramålning av Berta Larssons barndomshem.

Kappsömmerskan Berta Larssons lapptäcken

*Hvad ger mera ro
Än ett eget fridfullt bo?*

Stroferna ovan är omsorgsfullt broderade på en bonad hemma i familjen Larssons kök i Skarstad, utanför Vara i Skaraborgs län. Här bodde Sven och Anna Larsson och deras tio barn. Berta, som föddes 1911, var storasyster i denna stora familj och hon fick tidigt lära sig att hjälpa till i hushållet.

Berta lärde sig att sy när hon var 15 år av en sömmerska i en grannsocken och hon började därefter sy hos sin mammas kusin, som hade damskrädderi i Vara. Ofta sydde hon damkappor. Hon arbetade där i tio år måndag till lördag. På lördagseftermiddagarna tog hon sin cykel och trampade en halvmil för att komma till sitt föräldrahem. Väl hemma sydde hon sina syskons kläder, omsydda av de vuxnas. Hon sprättade, tvättade, pressade (med strykjärn som värmdes på järnspisen) och sydde på trampmaskinen alla kläder till sina nio småsyskon. Till pojkarna sydde hon till och med kostymer och ytterrockar. Bertas lillasyster Dagny har berättat att de alltid var väldigt fint klädda och att de var stolta över sin storasyster som var så duktig att sy. Vid helgmålsringningen klockan sex upphörde allt arbete för veckan. Under söndagen fick hon vila sig, och det var väl tur det.

Berta Larsson sydde under 1930-talet flera lapptäcken med underlag av bomullssatin. Tygbitarna som bildar mönstret är hopsydda på maskin och är överblivna lappar från fodret i kapporna. De märkliga mönstren har hon själv satt ihop. Täckena är stickade för hand på en täckstol som fadern själv hade gjort. Modern samlade ihop ren tyglump

Berta Larsson.

och tog häst och vagn och for till grannsocknen Tråvad, där det låg ett spinneri. På den fabriken kunde traktens folk lämna in gamla slitna men rentvättade kläder av ylle, flanell och bomull, som sedan gjordes om till vadd. Sådan vadd använde Berta i sina lapptäcken.

Det ovanliga med Berta och hennes syskon var att ingen gifte sig. När jag frågar Dagny om detta svarar hon:"Vi kunde ju inte gå här sju flickor och vänta på att få gifta oss. Vi var ju tvungna att ge oss ut och tjäna till mat och kläder." Barnen utbildade sig. Margit blev till exempel diakonissa i Uppsala 1946, Dagny sjuksköterska i Göteborg 1950 och Ulla distriktssköterska i Karlstad 1953. I samband med flickornas examina reste föräldrarna till dessa städer och det blev föräldrarnas enda egentliga resor hemifrån.

Berta arbetade de sista åren av sitt liv som barnsköterska på ett hem för föräldralösa barn. Berta var som en mor för barnen. Hon tog av sin egen lilla lön och köpte nya tyger och sydde fina kläder till barnen, som tidigare aldrig ägt ett eget klädesplagg. Berta dog i cancer när hon var 39 år.

Vid den tiden bytte familjen värmesystem. Man hade tidigare haft kakelugnar. Då behövde man varma täcken, för när elden slocknade framemot morgonen var det kyligt i rummen. Nu fick man oljeeldning och kunde övergå till vanliga tunna filtar. Bertas mor ville emellertid spara lapptäckena som minne av Berta – de var ju nästan oanvända. Moderns framsynthet får man vara tacksam för i dag – annars hade vi aldrig fått se dem! När alla tre lapptäckena hänger bredvid varandra är de som en triptyk – det är något sakralt över dem. Jag är säker på att Berta sitter i sin himmel på ett moln och ser ner på sina lapptäcken som har beundrats av så många tusen människor, i Sverige och utomlands.

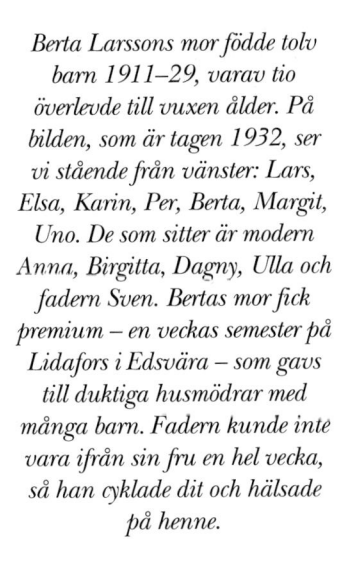

Berta Larssons mor födde tolv barn 1911–29, varav tio överlevde till vuxen ålder. På bilden, som är tagen 1932, ser vi stående från vänster: Lars, Elsa, Karin, Per, Berta, Margit, Uno. De som sitter är modern Anna, Birgitta, Dagny, Ulla och fadern Sven. Bertas mor fick premium – en veckas semester på Lidafors i Edsvära – som gavs till duktiga husmödrar med många barn. Fadern kunde inte vara ifrån sin fru en hel vecka, så han cyklade dit och hälsade på henne.

*Rött täcke med rutor i
mönstret. 187 x 133 cm.*

*Blått täcke med Bertas egen
komposition. 199 x 131 cm.*

Rött täcke med crazy i mönstret. 192 x 133 cm.
Alla tre täckena: Vara, Västergötland. 1930-tal.

"Se så fint klädda de var allesammans – på den tiden var det skillnad på helgdag och vardag, det syns. Bilden är tagen i Falkenberg när mormor var i grossess med min mamma 1902. Mormor har sin son Karl i knät; han är klädd i sammetskostym och en liten barett av sammet (kanske senare insydd i täcket)."

Leonidas täcke

Berättat av Ann-Marie Andrén:

"Mormor Leonida kom från Aröd i Ljungskile, Bohuslän, och föddes 1881. Hon hade många syskon, fyra bröder och tre systrar: Ida, Hilma och Anna. Systern Ida hade en skadad höft och gick dåligt. Hon hade startat en syateljé i Falkenberg och år 1900 flyttade Leonida till sin storasyster för att hjälpa henne som sömmerska. Det fanns många hem i Falkenberg som behövde hjälp med sömnad. Systrarna flyttade hem till familjerna till dess att alla fått sina kläder sydda. Det kunde bli ett par veckor i varje hem.

Leonida träffade sin man Karl Bäckman som kom från Emmaboda i Småland och var verkmästare på Lundgrens garveri och läderfabrik i Falkenberg. Karl fick en tomt på Måsalyckevägen 2 av sin firma att bygga ett eget hus på. De var sparsamma – de började spara alla tvåkronor till huset. När de fått ihop alla pengarna byggdes det. Allt var kontant betalat, skulder skulle man inte ha på den tiden.

1901 föddes Karl, min morbror, och 1902 min mamma Anna. Lapptäcket är sytt 1915–20, och det innehåller nog rester från många olika Falkenbergsfamiljers klädsömnad som systrarna har kunnat spara under årens lopp. Det har säkert tagit år av sömnad att spara ihop till ett så fint täcke. Att mormor inte hade så gott om material kan man se på baksidan, hon har fått skarva för att få ihop till fodret till täcket.

Systern Hilma som bodde i Göteborg hade 16 barn. Jag undrar vart alla barnen tog vägen? Ett vet jag kom till Sollebrunn, ett annat till Gullholmen och några till Amerika, tror jag. På den tiden, när mormor levde, var jag inte så intresserad av att fråga henne. Nu är den äldre

Leonida.

*Stockhustäcke i sammet.
Falkenberg, Halland.
1915–20. 177 x 122 cm.
Tillhör Museet i Varberg.*

generationen borta och jag har ingen att fråga. Det är synd, men det är lätt att vara efterklok. Jag undrar hur Ida och mormor hamnade i Falkenberg och varför? Tänk om jag ändå hade frågat mormor! Hon dog 1948.

Ibland tänker jag på hur de hade det timmen innan familjefotot togs. De fick säkert gå till fots till fotografen med alla barnen, för bil eller hästskjuts hade de inte. Och tänk innan alla dessa barn var omklädda, kammade och snutna, alla skor knutna och knäppta.

Men först hade systrarna långt innan dess sytt alla kläderna. Det var på ett annat sätt då, för det var inte så enkla modeller på den tiden, det skulle vara snörmakerier och så vidare.

Jag tänker också på vad som kan ha föranlett de båda andra systrarnas besök i Falkenberg. Det var ju förenat med ett visst besvär att ge sig ut att åka med så många barn på den tiden. Den ende mannen på bilden, som dessutom röker cigarr, heter Gustav Hedenskog och var gift med systern Anna. Hilma står längst upp till höger och nedanför sitter Ida. Hon förblev ogift genom livet, kanske på grund av sin höftskada. Jag tycker om den här bilden, den berättar så mycket, och det jag inte vet och inte kan tänka ut, det får jag fantisera ihop själv. Men nu kanske någon avlägsen släkting läser och ser detta och då kanske jag får mera fakta."

Lapptyget

Detta lapptyg har jag fått av Eivor Strandefjord, Hjälmared, Kungsbacka, Halland, som har berättat detta för mig:

"Min faster Anna Knutsson föddes 1894 på ett småbruk i Skeppshult i Småland. Som ung for hon till Göteborg och arbetade i mjölkaffär på Postgatan och som hembiträde. När hennes styvmor dog 1918 for hon hem och hjälpte sin far och en liten tolvårig bror. Hon gifte sig på 1920-talet i Småland. Hennes man var snickare och kom från ett bondehem. Egentligen hette han Johan Andreasson, men en gång i tiden hade någon skrivit fel i kyrkoböckerna och så fick han heta Andersson hela livet. Anna och Johan hade gården Öråsen i Skeppshult nära Gislaved. Nästan alla män hade ett annat arbete förutom jordbruket. Gården låg i det verkligt steniga Småland där det var magert och fattigt, men de hade i alla fall tre kor, en häst, två grisar, några hönor och några katter.

Till vänster lapptyget. Till höger tygpacke från den numera nedlagda fabriken L. J. Wingqvist, Fritsla. Det är sorgligt att sådana här rejäla tyger inte industritillverkas längre i Sverige.

Anna hade en Singer trampmaskin och hon arbetade som hemsömmerska. Jag kan se henne framför mig när hon satte fast sitt hoprullade skjortpaket på pakethållaren och cyklade iväg till 'Textilen' i Smålandsstenar där en avsyningsman granskade det hon sytt – arbetsskjortor och militärskjortor.

Man kan följa åren i tygmönstren – det var under de här fattiga åren när det var så svårt under 1930- och 40-talen. Små lappar fick de tydligen behålla. Det var nog grovt tillskuret, så det blev tyg över. Folk var ju tvungna att försörja sig och ta varje möjlighet – det var inte till att tänka på om det var roligt eller ej. Ibland var det en väldig hets att det skulle vara färdigt – det var som ackordssömnad, och inte fick hon mycket betalt. Hemsömmerskorna sydde ofta både natt och dag för att bli färdiga i tid – annars fick man inget att sy nästa gång. Så det kan inte ha varit lätt det där.

Min farfar Knut på Öråsen dog 1962 vid 92 års ålder. Men innan dess bodde han hos Anna och Johan. Anna hade sommarbarn efter kriget, de kom till landet för att äta upp sig. Anna har alltid varit den omvårdande men samtidigt kärv och dominant och hon bestämde var skåpet skulle stå. Johan var tystlåten och läste. Hon var den gamla människan som fanns i min omgivning, som jag alltid hälsade på. Hon var väldigt givmild. Hon var snäll mot mig och min bror, men unnade sig själv ingenting.

Hon flyttade med sin man till ålderdomshemmet 1968 för att vårda honom. Han dog 1971 och tio år senare dog hon.

Min bror och jag har gården kvar. Ja – man måste vårda arvet."

Lapptyget, som är gjort av rester efter skjortsömnaden, användes för att skydda sängkläderna som man var rädd om när man skulle ligga ovanpå och vila middag. (Vilade middag gjorde man alltid på landet förr, utom när det var som mest bråttom.) Anna har även sytt lapptäcken av samma slags tyger men de slets ut och slängdes.

Täcke sytt av tygprover. Marks kommun, Västergötland. Sekelskifte. 208 x 155 cm.

Stjärntäcke från Hälsingland. 1880. 188 x 131 cm.

Täcke från Hälsingland

Detta lapptäcke har i alla år legat nerpackat i en kista på en vind i Hälsingland. Därför är färgerna så starka. Man kan fantisera om detta täckes öde: vad hände egentligen? Eller rättare sagt, vad var det som inte hände? För det måste ju ha varit sytt till ett bröllop eller kanske som gästtäcke. Men bröllopet blev kanske inställt eller också hade man mycket få gäster, för täcket ser fortfarande oanvänt ut.

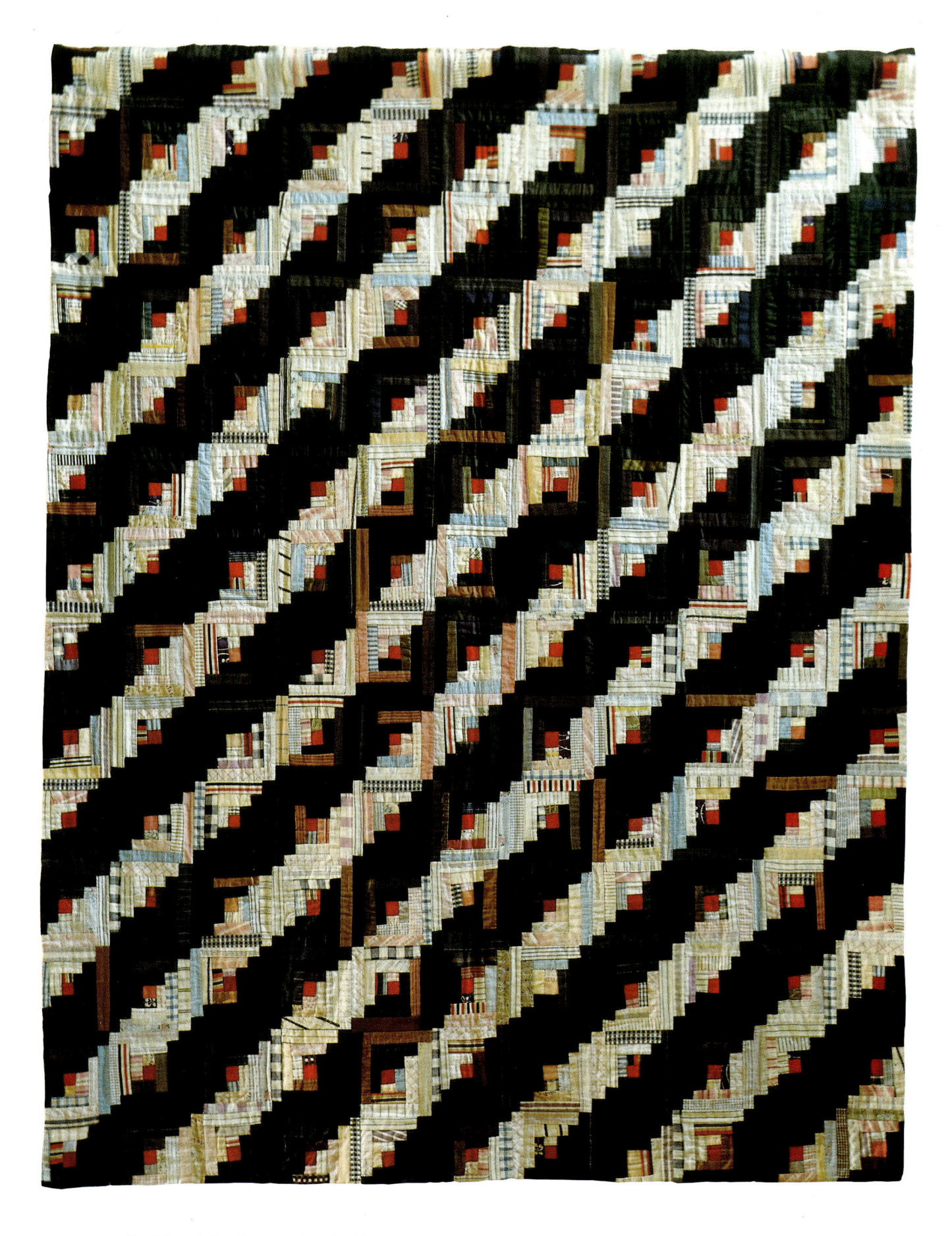

Stockhustäcke. Raka spår eller fåror. Västergötland. 1900. 191 x 149 cm.

Margareta Hammarstrand på sin ålders höst. Här sitter hon på Fenriksgården, Vinninga, 80 år gammal 1926. Undrar vad hon tänker om sitt liv?

Vinningatäcket

Detta lapptäcke är sytt av Margareta Hammarstrand, Fenriksgården, Vinninga, Sävareds församling, en mil utanför Lidköping i Västergötland. Margareta var född 1846 och dog 1936, 90 år gammal. Hon gifte sig med smeden Gustav Hammarstrand. Gustav gjorde bland annat kyrktuppen på Vinninga kyrka. 1876–85 föddes deras fem barn, först tre döttrar och sedan två söner.

Redan 1885 utvandrade Margaretas make Gustav till Amerika. Det var meningen att han skulle komma hem igen, men det gjorde han aldrig. Sönerna utvandrade också till Amerika efter att ha gjort rekryten, var för sig. Sonen Herman, som tog sig namnet Hammar, försvann i USA och blev dödförklarad. Sonen Hjalmar for till Minneapolis, Minnesota. Han tog sig namnet Strand. Fyra barn till honom bor ännu kvar i Minneapolis.

Tänk så gärna jag skulle vilja leta upp dessa släktingar och visa dem täcket och berätta för dem om Margaretas liv. Troligen vet de mycket litet om sin farmor och hennes öde.

Ur Utvandrarna av Vilhelm Moberg

"Med lumpen och avskrädet som sjönk i havet hade han gjort sig kvitt det gamla, nu skulle det nya begynna.

Av de medförda sängkläderna hade Karl Oskar inte behållit mer än täcket: deras blåa brudtäcke, som Kristina själv hade stickat. Det hade också blivit fläckigt och nerspillt och nerspytt och det gapade redan flera stora hål på det. Kristina fick tårar i ögonen, när hon nu tog fram det i fulla dagsljuset, och fick se hur illa medfaret hennes täcke var. Men hon kunde nog tvätta det, ta bort de otäcka fläckarna och laga hålen, när de kom i land och hon fick hälsa och krafter igen. Brudtäcket var henne kärare än någon annan ägodel som de hade med sig hemifrån. Det hade hört till hennes bosättning i Sverige, hon hade bäddat brudsäng med det, Karl Oskar och hon hade legat under det i sex års tid, under hela sin tid som äkta makar. Hon kunde nu hoppas att de skulle få ligga samman under det återigen en gång och nyttja det som sitt hölje genom många år ännu. Och det kunde aldrig gå lyckligt och väl för dem, om inte brudtäcket var med också i deras nya bosättning i Amerika."

Fotot föreställer Agnes och Henry Danielsson när de äntligen fick gifta sig 1936.

Längtans täcke

Lapptäcke sytt av Agnes Danielsson född Johansson. Täcket syddes 1930–36. Agnes föräldrar var hemmansägare Johan Peter Johansson, som var född 1867 och Mathilda Teresia, som var född 1868. De gifte sig den 5 augusti 1895 i Sverige. Samma år i oktober föddes deras förstfödde son i Pennsylvania i Amerika. 1898 och 1901 födde Mathilda ytterligare två söner.

1902 flyttade familjen tillbaka till Sverige till gården Gunnekulla i Frödinge församling utanför Vimmerby. Där föddes dottern Agnes 1904. 1936 gifte sig Agnes med Henry Danielsson. Henry fick vänta på henne i sex år tills hennes föräldrar gett sitt lov. Troligtvis sydde Agnes täcket medan hon väntade på att få gifta sig med Henry.

Henry och Agnes skaffade sig en stor gård med mycket skog och en djurbesättning, så hon hann nog inte sy några fler lapptäcken. Mönstret, som heter *Crazy Quilt* eller "toktäcke", var vanligt i Amerika under de år som Agnes mamma bodde där, så antagligen har modern Mathilda lärt Agnes mönstret.

Crazy Quilt eller "toktäcke". Småland. 1930-tal. 202 x 166 cm.

Alvinas täcke

Svensk-amerikanskt lapptäcke sytt av Alvina Emerentia Jacobsson i Kansas City, USA, 1890–97. Berättat av Margareta Svensson gift med Lennart Svensson till vilken Alvina var farmor:

Alvina föddes i Göteborg 1874 och var yngst av sju syskon. Pappa August var snickare och familjen bodde i ett litet hus i Majornas församling. Det var svårt att få ekonomin att gå ihop med så många barn, så flera av syskonen emigrerade till Amerika. År 1890 var det Alvinas tur att ge sig av. Bara 16 år gammal reste hon till Kansas City där hennes morbror John hade en farm. Hon fick ett eget litet rum och hjälpte till med hushållssysslor både hos morbrodern och hos grannarna runt omkring. Lediga stunder ägnade Alvina åt att brodera, och broderierna samlade hon i utdragssoffan som tyvärr blev kvar i Amerika. Allt lämnades till det allmänna efter morbroderns död.

Att sy *Crazy Quilts* hade blivit populärt något år innan Alvina kom till Amerika, och mittbiten med årtalet 1890 skvallrar om att hon började med täcket strax efter ankomsten. En annan bit där årtalet 1897 är broderat talar om att det tog tid.

År 1899 reste Alvina hem till Sverige för att besöka sina föräldrar, och hennes tanke var att resa tillbaka. Med i sin Amerikakoffert hade hon täcket, som troligen monterades här. Med på resan hem var storasystern Geralda, som var gravid och dessutom hade ett barn med sig. Systrarna hade skrivit brev och skickat telegram om att de skulle komma. Men ingen tog emot dem på kajen. (På den tiden tog resan sex veckor, så det var inte bara att kvista över.) Flickorna tog en skjuts hem till föräldrarnas stuga vid Röda sten. Hemma i trädgården stod mamma Gustava och hängde tvätt och visste inte att döttrarna skulle komma. Man kan tänka sig att det blev fest i stugan den kvällen!

Alvina lovade att stanna kvar hemma och hjälpa Geralda medan hon födde sitt barn. Det drog ut på tiden och Alvina hann bli kär i Sigfrid Albin Svensson och de gifte sig 1902. Första tiden bodde de i Majorna men flyttade snart till en lägenhet på Paradisgatan i Masthugget och fick så småningom fem barn.

Familjen längtade efter lantluft och 1920 var de i stånd att köpa en tomt i Tingstad, nuvarande Hisings Backa. Där byggde de sig ett hus, Sigfridsdal, och Alvina planterade bärbuskar och äppelträd och höll sig med hönor i uthuset. Frukt och ägg sålde hon på torget för att öka ut hushållspengarna medan Albin fiskade sill utanför Island.

Alvina dog 1942 och 14 år senare dog hennes käre Albin. Täcket togs om hand av en av döttrarna, som dog hösten 1988, och vid vindsröjningen efter henne upptäcktes täcket under ett brunt gammalt papper. Det konstiga är att täcket aldrig varit omnämnt och troligen aldrig använts. Sigfridsdal revs 1960 för att ge plats åt ett modernare hus som fortfarande är i släktens ägo.

Alvina Emerentia Jacobsson.

Detalj av Alvinas Amerikakoffert.

Crazy Quilt eller "toktäcke". Amerika. 1890-tal. 175 x 157 cm.

Med inspiration från Nicaragua

Berättat av Ingrid Danielsdotters sondotterdotter Gudrun Fredén, Sörberge, Medelpad:

Ingrid Danielsdotter, som har sytt detta täcke, föddes 1839 i byn Vrångtjärn i norra Hälsingland. Hon var nionde generationen efter en svedjefinne som kom till Sverige 1611. Hon var yngst av sex syskon. Hon gifte sig 1866 med bonden Erik Olofsson och de fick tre barn.

Ett av barnen, dottern Britta, emigrerade till Amerika cirka 1890 och gifte sig i New York med Per-Erik Viggh från Hudiksvall. Det berättas att eftersom hon inte kunde engelska, så visste hon inte säkert att hon var riktigt gift, för hon hade inte förstått vad vigselförrättaren sa.

Paret bosatte sig efter diverse äventyr i Matagalpa i Nicaragua, där de hade en affär och en kaffeplantage. Britta födde sonen Erik 1895, men återvände till Sverige vid sekelskiftet, för hon tålde inte klimatet. Maken stannade kvar hela livet i Nicaragua, men fortsatte att vara gift med Britta per brev.

Variation av niolappsmönster. Sekelskifte. Attmar, Medelpad. 202 x 134 cm.

Ingrid Danielsdotter, förmodligen på hennes 90-årsdag.

Brittas bror Olof reste också till Amerika. Förmodligen fanns det planer på att även föräldrarna skulle följa efter, men det blev inte så eftersom Olof kom hem igen.

År 1894 såldes hemmet i Vrångtjärn och ett nytt köptes i Attmar i Medelpad. Hemmanet överläts på Olof och ett födorådsavtal upprättades.

Ingrid var religiös, hon tillhörde baptisterna (många baptister emigrerade till Amerika). Hon var arbetsam och tillät sig inte att gå sysslolös. Hon hade alltid en stickning i händerna när hon rörde sig ute. Det berättas att hon varje dag gick in till sin sonhustru och frågade om hon gjort något "gagn". Gagn betydde att man sytt, stickat, vävt eller spunnit, alltså gjort något som fanns kvar och var annat än dagligt hushållsarbete.

1898 dog Erik och Ingrid blev änka. I bouppteckningen efter Erik Olofsson finns upptagna ett sticktäcke som var värderat till fem kronor och två stycken gamla sticktäcken värderade till åtta kronor. Ingrid kom att bo kvar i födorådstugan hos sonen till sin död 1931. Hon var då nära 95 år gammal.

I bouppteckningen efter Ingrid Danielsdotter finns fyra täcken upptagna. Värdet upptas till tio kronor för två av dem och fem kronor för de två andra. Det lapptäcke som avbildas här innehåller bland annat lappar av ylle och halvylle. Ullgarnet är växtfärgat och tygerna är hemvävda. Mönstret det är sytt i var vanligt i Amerika, så troligen har dottern Britta lärt sig det där och sedan visat sin mor Ingrid hur man syr på detta sätt.

Det sades om dottern Britta att hon var en riktig kraftkvinna, både driftig och intelligent. Att det säkert stämmer visar hennes brev från Nicaragua.

Rivas den 15 mars 1891
"Det måtte vara föreskräckligt långsamt brefena går. Jag tror inte det går post mer än två gånger i månaden till Europa här ifrån. Trodde åtminstone att ni skulle få mitt bref jultiden. Nu veta vi att postgången är sen så måste vi försöka vara lugna å ömse sidor om vi inte få bref så fort som vi önska."

"Vi bo kvar på samma ställe som sist jag skref och full sysselsättning har jag. Här begagnas mycket stärksaker, och som det är temligen bra betalat för en väl struken skjorta så har jag tagit mig för med att stryka åt vissa personer. För en skjorta med krage o manchetter är det opp till 25 cent i Sv. mynt 75 öre. Då jag strukit en skjorta har jag betaldt maten för den dagen. För värmens skull orkar jag ej stryka mycket, men det är ändå en hjelp. Det fins ingen här som kan blankstryka om ja så skall kalla det och nu är hela stan nyfiken att veta hur jag bär mig åt och jag tar alla försiktighetsmått för att de inte skall stjäla konsten av mig ty då finge jag ingen förtjenst på det. Sedan önskar blott att jag hade en Svensk flicka här till hjälp."

Matagalpa den 17 maj 1891
"Och så kan vi ha råd att äta potatis nu, men inte är de så goa som på Wrångtjärn, ja hade vi svalornas vingar nog flöge vi dit vid den här tiden. Jag mins så väl hur det var i fjol om pingst. Nu vet jag knapt af att det är pingst."

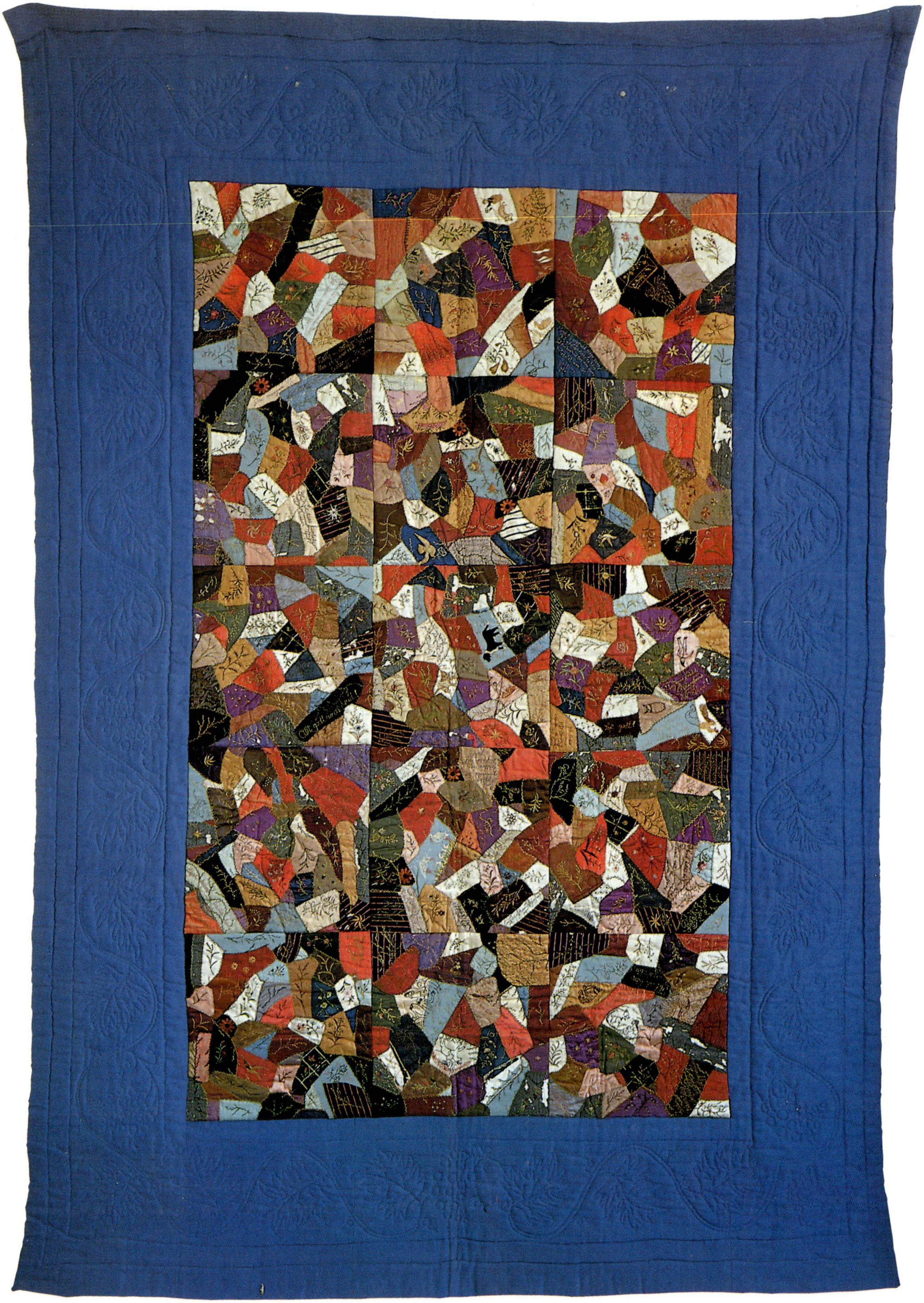

En idog hand gör rik
Anna Maria Claesson

Vara snabber som en lärka
Att i huset gå omkring
Se på allt, ej låta märka
Alltid göra nyttig ting

Så lyder en förmaning sirligt broderad på ett brudtäcke som 1968 skänktes till Jönköpings läns museum. Täcket var en gång gåva till Naemi Sandell, då hon 1894 ingick äktenskap med komministern i Lidhults församling, Linus Constantin Haglund. Enligt familjetraditionen ska täcket vara sytt av brudens mor, prostinnan i Rogberga, Klara Emerantia Beata Sandell (1840–1906), maka till prosten Nils Johan Sandell (1821–1892). Nils Johans syster var författarinnan Lina Sandell, och deras far den kände prosten Jonas Sandell. Och kanske har, säger familjetraditionen, Lina Sandell medverkat med dikt eller fantasi vid svägerskans sömnad av täcket.

Men ett studium av täcket avslöjar ett annat, starkare inflytande. Täcket är inspirerat av en alldeles speciell lapptäckstradition som vid denna tid levde i Nordamerika. Vårt täcke är nämligen ett så kallat *Crazy Quilt*. Det är sammanfogat av oregelbundna bitar av siden som fästs mot ett foder. Sammanfogningen är gjord med kråkspark, och på så gott som varje tyglapp är broderat antingen en figur eller blomma, eller ett ordspråk eller talesätt. En enhetlig blåfärgad bård med stickat druvklasmotiv håller samman det brokiga mittpartiet. Täcket är fodrat med beige bomullstvills.

Det amerikanska inflytandet styrks av några engelska texter som *Darling* eller *Good buy* (stavat på detta sätt). På en lapp står följande: Dorothy Frances Blomfield Sept 21 1891. Är det Dorothy som är sömmerskan eller är hon idégivaren? Vem var hon – en Amerikasläkting på besök? Och hur stämmer årtalet 1891 med datum för bröllopet?

Det är frågor som i dag inte kan besvaras, men just i Småland är andra exempel kända, där hemvändande svensk-amerikaner avsatt spår i de lapptäcken som syddes under 1800-talets andra hälft.

Men vad står mer på täcket? Ja, sammantaget ger alla dessa ordspråk och talesätt en god bild av de krav och förväntningar som ställdes på en ung borgerlig flicka och hustru vid denna tid. Hon skulle vara gudfruktig, flitig och arbetsam och ett föredöme för sitt tjänstefolk, alltid glad, oegennyttig och hemkär.

Brudgummen då? Ja, det finns ett täcke till honom, sytt på samma sätt, och många tyglappars mönster överensstämmer. Men hans täcke saknar sentenser och talesätt. Brudgummen behövde kanske inga förmaningar?

*Änden på en ting
är bättre än dess begynnelse*

*Låt icke solen
gå ned öfver din vrede*

*Flit och bön
Få nog sin lön*

*Statt upp i tid
och var icke den
siste i ditt hus.*

Den 27 Aug 1891

Klaga icke i otid

❊

*Bed
och
arbeta*

*Glädje sprida
bättre är än att vara skön*

God natt

*Hvad ädelt är du tänkt
Hvad rätt du göre!*

❊

*Eder Fader vet
hvad I behöfven*

Sof godt

*Ungdomssådd
Ålderdoms Skörd*

Dorothy Frances
<u>Blomfield</u>
Sept. 21. 1891

*Sörj ej för
morgondagen*

❊

*Befall Herran din väg,
Och hoppas på Honom!*

Lilla darlings Mimma

*En hydda
ett hjerta
och en potatis*

❊

*Förtro dig
åt Herren
så får du frid
Lycka skall
du vinna derpå!*

*Hvad till prydnad pläga vara;
Och nödvändigheten hör
Sådan kostnad kan man spara
Medelst man det
själfver gör*

❊

*Om minsta känsla
som i hjertat röres.
Håll trogen vård min vän.
Och vakta tanken –
sjelfva tanken höres I himmelen.*

En idog hand gör rik

Sof godt

*En dygdig qvinna är
bättre än silfver och guld!*

*Undvik den
som squallra vill*

*Bättre tiga
än illa tala*

❊

*Var en solstråle i ditt hem
lifvande! värmande! glädjande!*

Darling

*Tänk på din Skapare i din
ungdom*

❊

*Uppskjut ej till
morgondagen*

Good buy?

*Tidigt upp, när det blir dager
täfla med folk i flit
Vara först, som arbet' tager
Ropa sen "Gå hit och dit"*

*Vara snabber som en lärka
Att i huset gå omkring;
se på allt ej låta märka
alltid göra nyttig ting*

*Naemis' dröm
John Blund*

❊

*Eget hem –
är bästa hem!*

Du Gud ser mej!

Allt Hvad som kan läras – lär

*Förlorad tid
kommer aldrig åter*

Uppskjut ej till / morgondagen

❊

Allt godt är af Gud!

❊

God Morgon!!!

*Efter slutat arbete
Är hvilan ljuf*

❊

Egen härd – Är guld värd

*Känn allt hvad hushåll egnar
Sjelf gå med i hvad som görs.*

*Tockelig och dägelig vara är intet,
men en kvinna som fruktar Herren
Henne skall man lofva*

❊

På rutan i täckets mitt kan man läsa dessa deviser:

*Glöm flicka ej om du
blir tu att hemmets sol <u>det är</u>
just <u>du</u>*

Stackars Zaar!

*Den som icke går framåt
går tillbaka*

Fredriksdal

Anna Maria Claesson

Vi betraktar ett fotografi från ett hem i sekelskiftets Jönköping. Sommarens dofter letar sig igenom det öppna verandafönstret, och vi kan ana att de tre kvinnorna kring täckbågen böjer sig över arbetet med låtsat allvar.

Bara fotografen avlägsnar sig så kommer samtalet igång igen, historierna, skratten.

Verandan hör till Fredriksdal i Dunkehalla som vid denna tid ägdes av A. Viktor Lindström. På ett annat fotografi har hela familjen Lindström ställt upp sig framför den nyligen uppförda glasade verandan.

Benmjölsfabrikanten Viktor Lindström förvärvade Fredriksdal 1879. Boningshuset var då cirka åttio år och hade byggts om vid flera tillfällen. Men den imponerande glasverandan måste ha varit kronan på verket!

Verandan finns inte längre. 1982 brann Fredriksdal och i dag återstår bara den höga skorstenen, som hörde till ångpannan vilken drev benkvarnen, jordkällaren, snödropparna på våren och snöbärsbuskarna.

På Jönköpings läns museum förvaras inventarierna från det Lindströmska hemmet, däribland dessa två fotografier.

Barntäcke i siden. Jönköpings läns museum. 96 x 73,5 cm. Varje ruta är 7 x 7 cm med devisen på sned. Sytt av Klara Emerantia Sandell till dotterdottern Greta Haglund när hon döptes 1896.

Barntäcke med deviser

*Gud som har
små barnen kär,
I din famn
vår älskling bär!*

*Liten växer
Och blir stor
Glädje skänker
Far och Mor*

*Kring vaggan
Englar stå på vakt,
Att på barnet
Gifva akt!*

*Sof min lilla
Vyss! Vyss!
Vakna sen vid
Mammas kyss.*

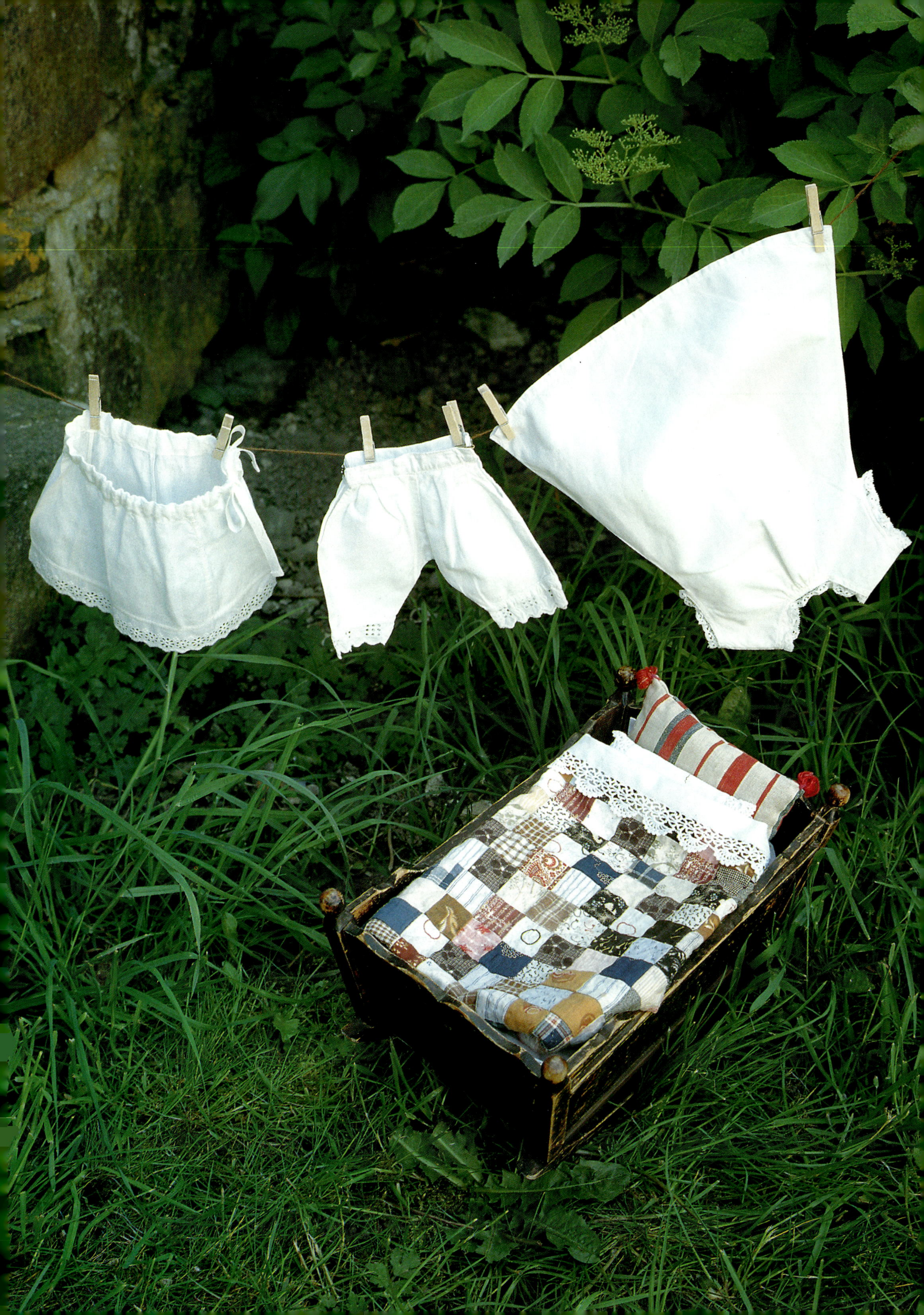

Elsa Beskow, Tant Bruns födelsedag

Som barn i Sverige har många av oss vuxit upp med Elsa Beskows sagoböcker. Bilden av Tant Bruns födelsedag i sängen under lapptäcket har vi fått in i ryggmärgen. Visst är den typiskt svensk och visst känns det som en stor trygghet att se på denna bild. En födelsedag är ju för de flesta något mycket positivt, att den firas under ett lapptäcke gör inte saken sämre.

"På 30-talet lades lapptäckena bort. De kallades också 'klutatäcken' och syddes av raska husmödrar, fastrar och mostrar eller andra familjen tillhörande kvinnor. Och så alla barnen som voro hemma. (...) Man kan sy i ränder i rutor till goda varma täcken, djupt avhållna av alla i familjen." (LUF M 18429)

Foto i Nordiska museets arkiv. Fotograf: A. Steijertz, Grimstorp.

139

Matts som barn.

Falulapptäcke

Matts Carlander föddes 1921 i Falun. I hans hem fanns det många lapptäcken. Matts tjatade tills han fick ett eget. Hans mormor Lisa Sandberg sydde detta täcke till sitt barnbarn 1926. Förkläden och andra kläder syddes i hemmet och rester därav finns i täcket. Mormor, mamma och mostrarna berättade för Matts om de olika tygerna. Ett rödrandigt tyg hade till exempel varit en kamkofta. Mormor, som bodde på Sturegatan 108, hade egen stickbåge som lånades ut till grannar och vänner. Matts föräldrahem låg på Kung Karls Gränd 2 i Falun. Familjen ägde Maria Sandbergs Hembageri, som Matts mamma startat före giftermålet. Falubor glömmer aldrig Maria Sandbergs limpor, det var ovanligt goda limpor som bakades där.

Lapptäcket har blivit sparat som ett kärt minne från barndomen, även om det är nött och trasigt.

Mormor Lisa Sandberg.

Barntäcke. Falun, Dalarna. 1926. 182 x 116 cm.

140

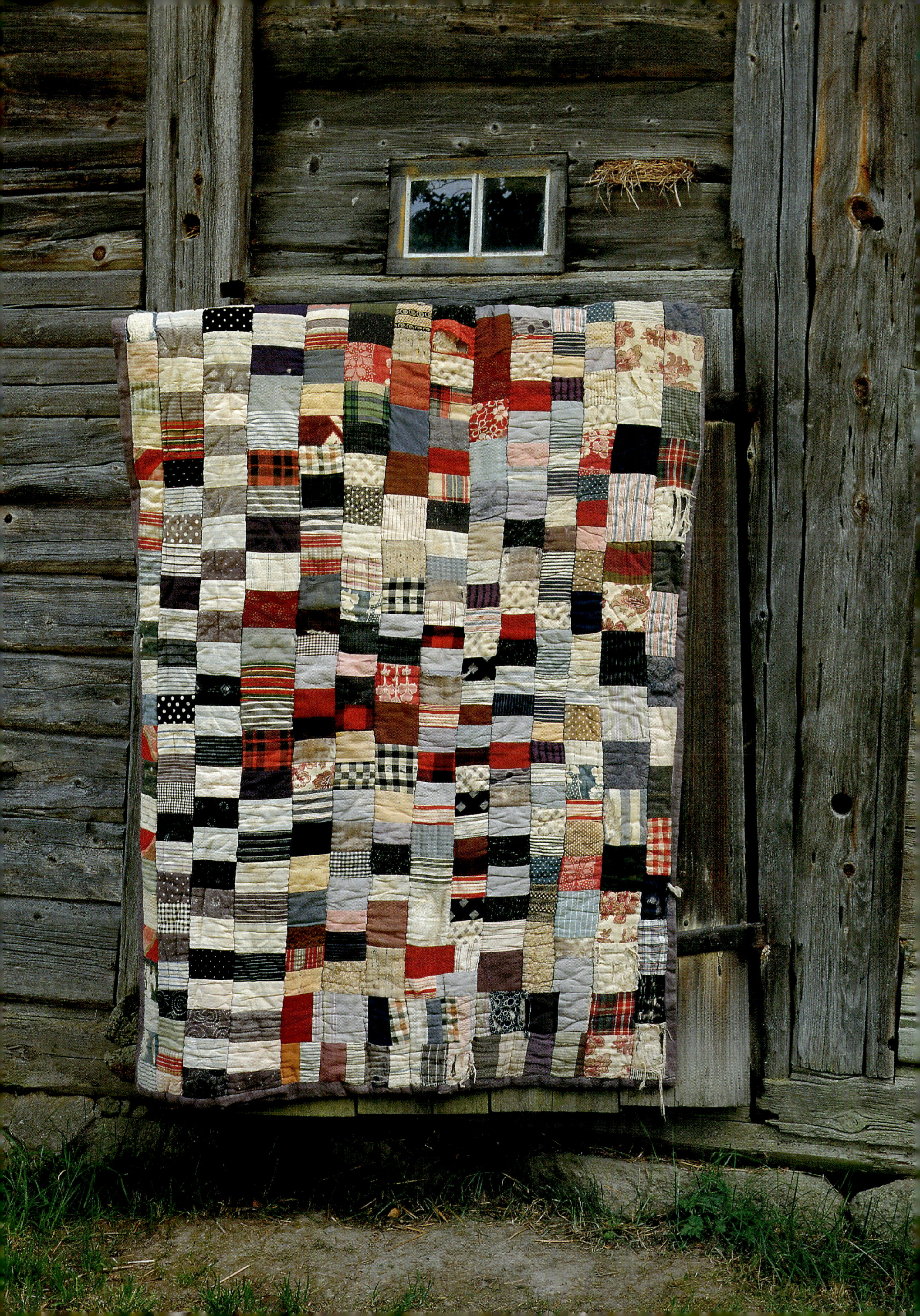

Slitet barntäcke

Detta lilla lapptäcke är inköpt på en auktion i Halland. Det är oerhört slitet. Ibland när jag studerat det har det kommit för mig att det kanske använts under sin sista tid av en katt eller hund som fått ha täcket att ligga på, varmt och mjukt. Från början är det ett litet barntäcke. Man ser att det är sytt på en rosarandig botten, den sticker fram här och där under de andra lapparna. Trianglarna i mittpartiet inramas av en bård av stockhusrutor, ibland med ett delat mittfält, ibland med ett timglasmönster i mitten på stockhusrutan. Det hela inramas av ett småblommigt tyg. Detta täcke, så slitet det är, tror jag kan inspirera till många nya täcken till nyfödda små barn. I Japan talar man om det slitna som *sabi* – det som är nött, slitet, blekt, ärgat anses vackert.

Barntäcke från Halland.
80 x 74 cm.

Barntäcke från Enviken

Vagglapptäcke sytt omkring 1847 av kattuntyger. 86 x 69 cm.

När Karins Johan Andersson (född 1847?) från Klockarnäs, Enviken, Dalarna, var ung for han till Amerika. Johan lämnade en chiffonjé hos sin bror Hans Sundquist ifall han skulle återvända hem. Johan återkom aldrig till Sverige, men hans svenska fru Brita kom tillbaka och hälsade på sin mans brors familj i Enviken efter Johans död.

    Chiffonjén, som i alla år stått bak och fram med lådorna mot väggen i en vindsskrubb, öppnades nu med stor spänning av Hans Sundquists familj, som fick den och som i alla år fantiserat om vad som kunde finnas i dess lådor. Det enda man hittade var detta lapptäcke, sytt av olika kattuntyger. Täcket var troligen kvar från Johans barndom och det var därför han sparat det. Snickare Hyttberg från Falun fick fara upp till Enviken och reparera chiffonjén, som numera används på samma gård av Margareta Yttergård, tredje generationen efter Hans och Johan.

Liv med mamma, syskon och jungfrur på trappan till föräldrahemmet i Burträsk. 1920-talet.

Livs docklapptäcke

Liv Landmark föddes 1919 i Burträsk, Västerbotten, och när hon fyllde sex år fick hon täcket till sin nya docksäng. Hennes mammas bästa väninna, veterinärsfrun Elva Flodérus, sydde det till Liv av några provlappar. Elva var nummer elva av tolv syskon och född 1892. Hon bodde med sin man i Burträsk 1925–30. Elva hade tre barn. Hon hade det väl lite knogigt ekonomiskt men var duktig på det mesta. Så när hon behövde en födelsedagspresent till lilla Liv så "snodde hon ihop" lapptäcket.

För Liv har detta täcke varit oerhört betydelsefullt. Hon berättar: "Hela min barndom ligger i detta täcke. Tack vare att jag fick det har jag alltid varit intresserad av tyger, lappar och lapptäcken. Täcket öppnade mina ögon för den världen. Jag har alltid samlat lappar och nu på äldre dagar har jag själv fått tid att sy lapptäcken. Jag syr framför TV-n. Jag trodde jag var ensam om det tills jag hörde talas om lapptäcksutställningen, som roat mig mycket. Nu vet jag att vi är många som syr. Jag vill gärna att flera ska få se mitt lapptäcke som betytt så mycket för mig. Därför skänkte jag det till Åsa Wettres samling när utställningen var i Filipstad 1991."

När lapptäcksutställningen visades i Skellefteå, som inte ligger långt från Burträsk där detta lilla täcke syddes på 1920-talet, visades även fotografier från Livs barndom. Flera av Livs lekkamrater och kusiner, som var med på bilderna, kom till utställningen och hittade sig själva på bild. En av dem gick glädjestrålande hem och sa till mig: "Nu ska jag gå hem och berätta för mina barn att jag har hamnat på museum!"

En annan händelse i samband med detta täcke var att när man skrev om det i pressen i Skellefteå så råkade en Burträskbo i förskingringen – utflyttad till en Stockholmsförort – läsa om det. Hennes mamma hade varit jungfru hos Livs familj på 1920-talet och dottern hade ofta hört talas om den tiden. Hon skrev till mig och jag gav henne adressen till Liv Simonsson, född Landmark, numera bosatt i Grythyttan. Nu har de båda Burträskborna i förskingringen funnit varandra, genom ett docklapptäcke!

Bilderna visar Liv i ettårsåldern och med sina syskon. (Det är Liv som håller i katten.)

Burträsk, Västerbotten. 1920-tal. 47 x 34 cm.

Ur Farmors lapptäcke av Elsa Beskow

"En regnig sensommardag, en sån där dag, då regnet oavbrutet öste ned och himlen stod tung av skyar, tog barnen, den ena efter den andra, sin tillflykt in i farmors rum, och till slut satt de där alla fem på pallar och stolar och såg på när farmor arbetade. Hon höll på med ett nytt arbete den dagen. Hon hade tagit fram en massa sidenlappar i olika färger, som hon sorterade och klippte till. Oj, en sån massa lappar! Det skulle bli ett lapptäcke, sa farmor, och det såg mycket intressant ut.

– Var har farmor fått en sån förfärlig massa lappar från? frågade Kersti.

– Dem har jag samlat under många år, svarade farmor. Ända sedan jag var så liten som du och samlade lappar till dockkläder, har jag gömt på alla vackra tygbitar jag fått över, och när jag nu sitter och sorterar dem, känns det som om jag bläddrade tillbaka i mitt livs bok. Det är många minnen med de här lapparna."

Allys vaggtäcke

Litet docktäcke sytt till Ally Karlsson född Johansson i Bleket, Tjörn, Bohuslän, av hennes moster Frida. Ally föddes 1927 och det lilla docktäcket syddes i början av 1930-talet.

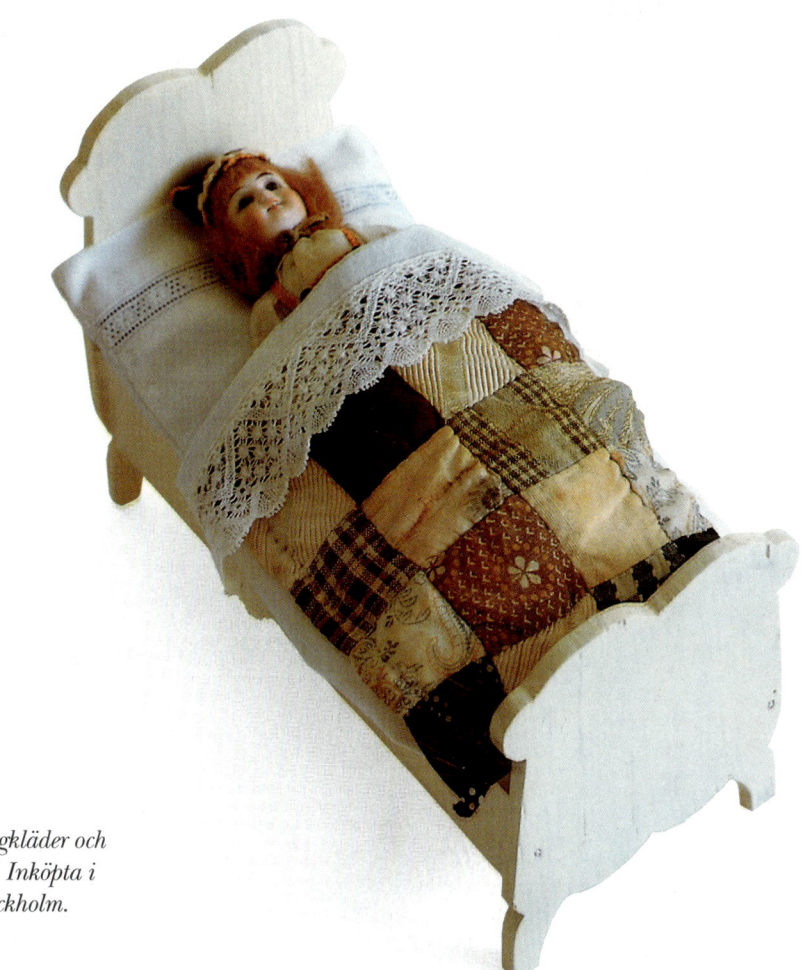

Docksäng från sekelskiftet med sängkläder och lapptäcke. Docka från 1800-talet. Inköpta i leksaksaffär i Gamla Stan, Stockholm.

Cissi Holms docksäng

På undersidan av denna docksäng står det: Cissi Holm 1878. Lapptäcket är bara 18 x 14 cm och varje liten sexhörning är bara en och en halv centimeter. En docksamlare köpte sängen av en Göteborgsdam vars mormor var lilla Cissi.

Fotot är taget sista sommaren som Maria levde. Hon sitter framför stugan Lilldalen och spritar ärter 1943. Från vänster dottern Märta (flickornas mamma), barnbarnet Barbro och hennes storasyster Rigmor, mormor Maria och dottern Ragnhild.

Nu väntar dessa täcken på tredje generationen

Maria Karlsson sydde dessa täcken. Hon var född 1879 i Hallingeberg socken i Småland. 1904 gifte sig Maria med Hugo Karlsson och fick fem döttrar 1904–21. Maria blev änka 1923. Hon brukade sticka täcken i sin stuga Lilldalen.

Barntäcket har knappar upptill för att man ska kunna knäppa fast täcket med strumpebandsresår runt under madrassen så att inte barnet ska sparka av sig. Det har använts av Barbro Andersson, född Gustafsson, som Maria var mormor till, och av hennes döttrar Åsa och Elin. Barbro fick också ett docktäcke av sin mormor, det som påminner om barntäcket, och hon fick en hel sängutrustning till dockan och många dockkläder som mormor Maria sytt. Barbro minns att hon älskade att tvätta och stryka de här kläderna alldeles som hennes egna barn också gjort. Även Barbros syster Rigmor fick ett docktäcke av sin mormor i en annan mönstervariation.

Barntäcke i stockhus-mönster. 98 x 80 cm.

Docktäcke i stockhus-mönster. 44 x 35 cm.

Docktäcke. Omkring 1940. 45 x 38 cm.

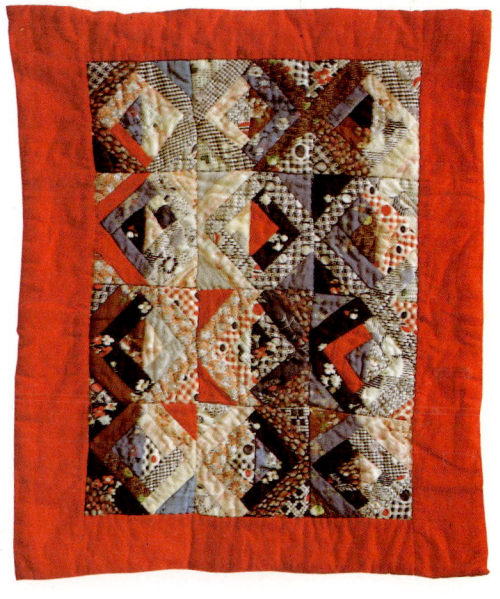

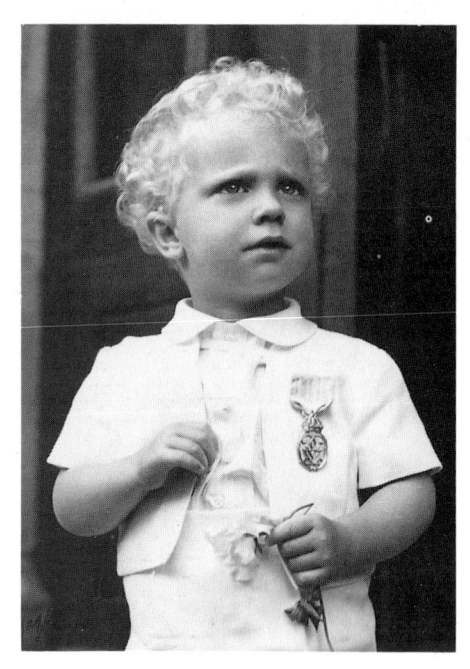

Carl XVI Gustaf som kronprins 1948.
Foto: © Bernadottebiblioteket. Kungliga slottet, Stockholm.

Lillprinsens täcke

Detta lilla lapptäcke av sexkanter (hexagoner) är sytt av "Hagaprinsessorna" tillsammans med deras barnsköterska Ingrid (Nenne) Björnberg till lillprinsens ettårsdag 1947. Lapptäcket tillhör Tidö Leksaksmuseum.

Prinsessan Désirée berättar:

"Man kan inte säga att det var vi systrar som sydde lapptäcket. Det var vår barnsköterska Nenne Björnberg som ledde arbetet och sydde ihop blommorna så att det blev ett täcke. Men vi var med och hjälpte till och vek tyget runt mallarna och sydde ihop lite också, men det var ju Nenne som hade ansvaret för arbetet och såg till att det blev ett täcke. Vi var med och sydde flera lapptäcken faktiskt, men dem har Nenne Björnberg nu. Vi använde tyger från våra gamla blusar och sommarklänningar. Det var ett rätt trevligt arbete kommer jag ihåg."

Bilden är tagen på Solliden 1947 och visar Gustav V tillsammans med prinsessan Sibylla och hennes barn.
Foto: © Bernadottebiblioteket, Kungliga slottet, Stockholm.

Lapptäcke av hexagoner sytt till kung Carl XVI Gustafs ettårsdag 1947.

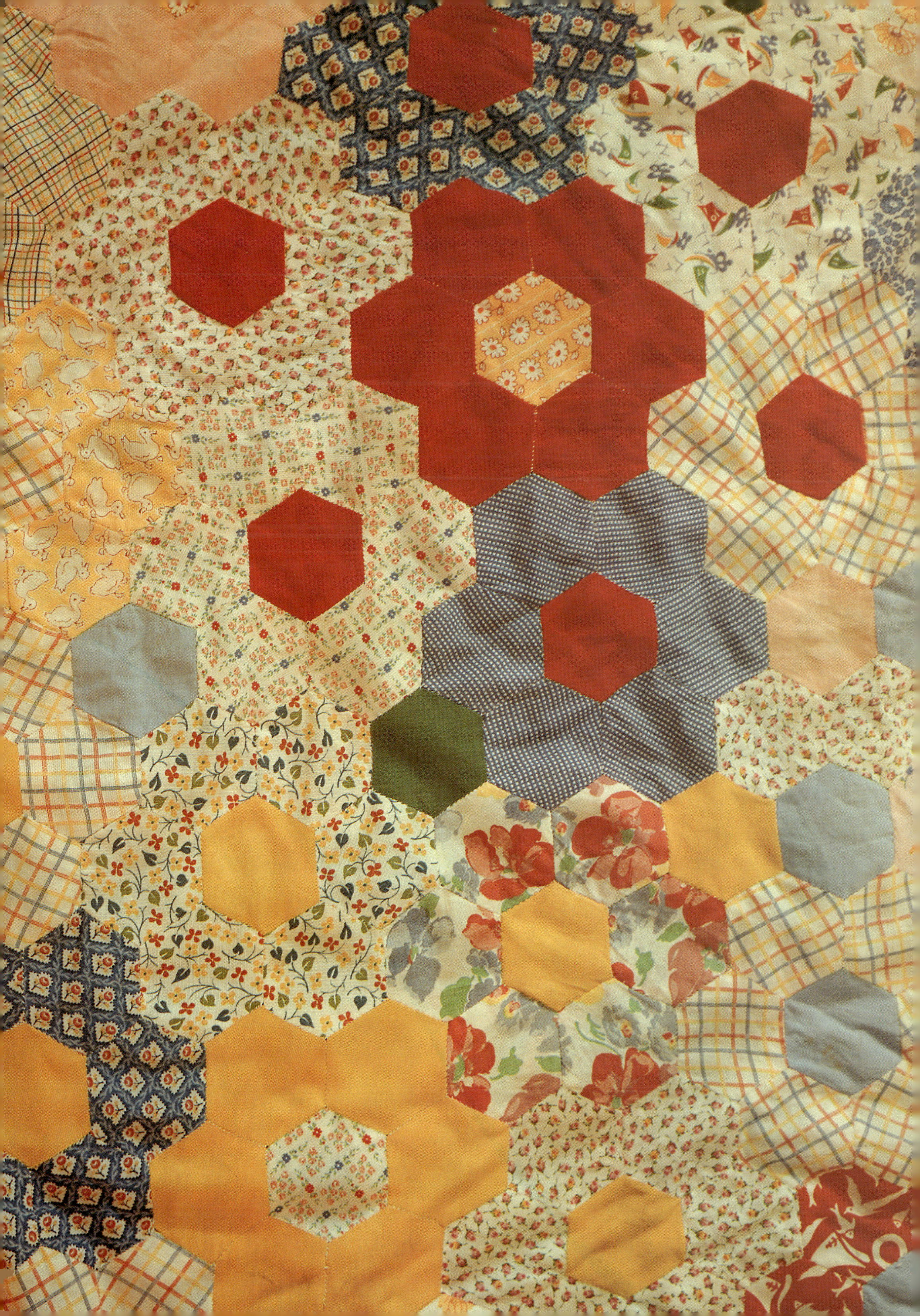

Barntäcke med en vigd lapp

Berättat av Maja Göthberg, Hablingbo, Gotland:
   Omkring år 1870 hjälpte Emma Kristina Petterson sin mamma att klippa mattrasor. Hon sparade en guldglänsande "trasa" och klippte inte sönder den. Det berättas att någon tidigare hade tagit hand om den vid en städning av en gotländsk kyrka. Det måste ha varit en rest av en kyrklig klädnad.
   Åren gick och Emma Kristina fick en dotter 1895. Till hennes vagga sydde hon ett litet lapptäcke. Nu kom den gyllene lappen som hon sparat under alla år väl till pass. Barnet skulle få ett lyckligt liv om det fick sova under ett täcke med en "välsignad" lapp i. Dottern Ada föddes på Mulde gård i Fröjel och utbildade sig så småningom till apotekare. Hon gifte sig och fick namnet Block. Mannen for till Amerika och kanske gick det inte så bra för honom, för han kom aldrig tillbaka till Sverige.
   Ada Block köpte Petesgården i Hablingbo och ställde den i ordning. Hon var mycket intresserad av gotländsk kultur. När hon skulle lägga täcket i en vagga tvättade hon det, men först sprättade hon försiktigt bort den gyllene lappen, tog den och for till Stockholm och besökte en expert på ett museum och fick då veta att lappen troligen var från 1600-talet. Sedan hade hon ett tag den gyllene lappen uppnålad på väggen i sin bostad i Visby som bakgrund till en Kristusbild. Men märkena efter den plats den suttit på i lapptäcket fanns kvar och hon sydde dit den igen exakt på samma plats som den haft från början.
   Petesgården är nu museigård och visar en välbärgad gotländsk bondgård från 1800-talet. Folk kom och tittade på lapptäcket och någon besökare sa att ännu en lapp var intressant – en tryckt lapp som satt i ena hörnet. Han hade sett ett likadant tyg i en kaftanärm i utlandet.
   Maja Göthberg vårdade först Adas mor och blev därefter trotjänarinna till Ada Block. Hon fick senare förtroendet att ta hand om Petesgården.

Gotland. 1890-tal.
69 x 67,5 cm.
Gotlands Fornsal.
Foto: Raymond Hejdström.

Vid kaffekvarnen. Min Tionde bostad (1873). Mitt rum hos Bellanders Uti huset N-17 vid Renstjernasgränd, Qvarteret Kransen nedra botten inn på gård. Stockholms stadsmuseum. Foto: Francis Bruun.

Josabeth Sjöberg

Josabeth Sjöberg föddes den 30 juni 1812 i Katarina församling i Stockholm. Hon var 18 år när modern dog och fadern dog två år senare. När så brodern gift sig fick Josabeth försörja sig som lärarinna i piano- och gitarrspel. Hennes stora intresse var emellertid att teckna och måla. När hennes väninnor handarbetade på kaffebjudningar tog mamsell Josabeth fram sitt akvarellskrin och började måla. På de 57 bilder som finns bevarade på Stockholms stadsmuseum har hon kärleksfullt och sakligt bland annat dokumenterat sina tolv olika hyresrum på Söder.

Gustaf Näsström i Hans Eklunds bok Josabeth Sjöberg

"Hon ville breda ut sin lilla värld så att allting kom till synes och kunde redovisas in i minsta detalj. Det beredde henne en handarbetsmässig förströelse och glädje att få måla av mönstren på tapeterna, gardinerna, mattorna, möbelklädslarna och kakelugnarna. (...)

Den textila utsmyckningen blir fylligare, bl a genom korsstygnsbroderade, svartbottnade mattor under klaveret och framför en byrå. De var säkert produkter av mamsells egen handaflit liksom även de färgglada lapptäcken av kvadratiska eller triangulära bitar, som hon klädde sin långsoffa med och som det alltid beredde henne nöje att låta klinga ut i akvarellerna."

Hemmadöttrarna Lindstedts lapptäcke

Berättat av Bo Lindroth, Skara:

Detta lapptäcke är sytt av systrarna Emma (Emilia) Lindstedt och Ingeborg Lindstedt. Enligt muntlig tradition i släkten är lapptäcket sytt av brödernas gamla slipsar 1880–90.

Systrarna föddes i Lidköping på 1840-talet. Fadern Per Abraham Lindstedt var en välbeställd speceri- och spannmålshandlare. Dessutom var han skattmästare i länets hushållningssällskap. Fadern var syssling till Carl Jonas Love Almqvist, men troligen träffades de aldrig trots att Almqvists Det går an delvis utspelas i Lidköping.

1849 ödelades gamla Lidköping av brand. Då brann även familjen Lindstedts egendom ner med konkurs för familjen som följd. Fadern hade före Lidköpingstiden varit bruksbokhållare på Hönsäters Alunbruk på Kinnekulle och nu fick familjen återvända dit. De nio barnen var födda 1840–53. Av de fem pojkarna och de fyra flickorna förblev två pojkar och tre flickor ogifta. Sonen Fredrik hade själve Gunnar Wennerberg till fadder. Emma och Ingeborg blev ett slags hemmadöttrar, även om Ingeborg ganska ofta var ute som guvernant i olika prästgårdar. Emma förlovade sig med en man som skulle bygga upp en ny tillvaro i Amerika. Men hans brev blev allt sällsyntare. En dag tog Emma demonstrativt av sig förlovningsringen och la den i skrivbordslådan.

Modern Margrete fick ge namn åt ett sommarhus strax utanför Lidköping. Det skaffades antagligen under det goda 1840-talet för trädgårdens skull. Margretelund är nu en stor stadsdel i östra Lidköping.

Modern skrev dagbok, och ett tjugotal av dessa dagböcker finns kvar i släkten. Vad Emma och Ingeborg haft för sig 1873–1900 får man besked om för snart sagt varje dag. Tyvärr har hon inte skrivit något om lapptäcket. Man vet inte vad de levde av. Kanske fick de ekonomisk hjälp av ett par mer välsituerade bröder i Stockholm och av en kusin till modern som bodde hos dem och som hade aktier i Göta kanal. Vid sekelskiftet flyttade modern och de två döttrarna från Lidköping till Skara. Efter moderns död 1901 startade Emma och Ingeborg inackorderingsverksamhet bland gymnasister och flickskoleelever. I husets andra våning bodde deras lillasyster Helena som änka med sina barn. Det är hennes barnbarn som fått ärva dagböckerna som så väl speglar systrarnas märkliga liv.

"Ack och ändå –
Varföre är den goda dum –
Varföre är den kloka ond –
Varföre är allt en trasa –"

Ur sagan om Ormus och Ariman av Carl Jonas Love Almqvist

Ingeborg Lindstedt (1848–1923).
Emma (Emilia) Lindstedt
(1843–1914).

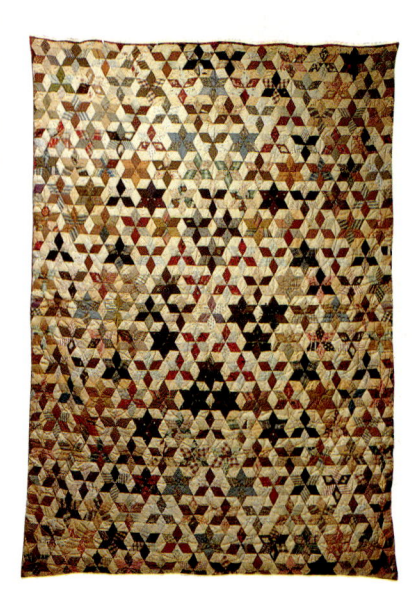

Handsytt stjärntäcke av romber. Lidköping, Västergötland. 1880–90.

Sytt av trianglar. Östergötland. Slutet av 1800-talet. 210 x 155 cm.

Alma Wicksell i unga år.

Almas lapptäcke

Berättat av Alma Wallens barnbarn Karin Andersson i Norrköping:

"Alma Wallen föddes i Ukna, Småland, 1856 och dog i Strängnäs 1933 hos min mamma Gin.

1880 gifte sig Alma med Axel Wicksell. Då använde hon snörliv för första och sista gången i sitt liv. Brudklänningen har jag ännu kvar. Den är i vit tyll med tornyr. Hon fick fyra barn. Ett av dem var dottern Georgin, kallad Gin (min mamma).

Alma och Axel flyttade till Fyllingarum, Ringarum, Östergötland vid midsommar 1891. Axel arrenderade gården med ungefär 40 utgårdar och ett antal torp som hörde till. Alma som gått cirka två år i skola skötte det stora hushållet med hjälp av tjänstefolk. Hon var duktig och intresserad av sjukvård. Så när någon underlydande drabbades åkte hon dit med häst och vagn och hjälpte till. I ett torp var golvet så vitskurat att Alma sa att man kunde äta gröt på det.

1897 dog Axel och Alma fortsatte arrendet till 1901. Hon gick omkring och inspekterade på gårdarna med en lång vandringsstav i handen. 1901 köpte Alma Alfvestad gård i Kimstad, Östergötland. Den gården brukade hon med hjälp av rättare och andra till in på 1920-talet.

Alma var aldrig sysslolös inomhus heller. Lapptäcket syddes nog i slutet på 1800-talet. Vävstol fanns det givetvis och den användes. Strumpstickning och virkning var det som mest förekom på senare tid."

Anna Boëthius lapptäcke

Detta lapptäcke syddes i slutet av 1800-talet, men är ommonterat 1921 med inbroderat årtal och A. B. – signatur för Anna Boëthius född Blomberg. Anna har sytt detta lapptäcke som användes som draperi, och av längden kan man förstå att det var högt i tak. Hon har också påbörjat ett liknande som aldrig blev färdigt. Anna har nedtecknat sina barndoms- och ungdomsminnen, som jag har fått ta del av. Lilian Almqvist i Säter, som var barnbarn till Anna, har berättat för mig om sin mormor, och Annas sonhustru Ingrid Boëthius, som var gift med Annas son Sven, har även berättat för mig om sin svärmor.

Här följer historien om Anna:

Anna Blomberg föddes 1841 i Nyköping. Hon var äldst av tolv syskon. Hennes första barndomsminne var när hon kläddes i svart sorgdräkt vid Karl XIV Johans död och på det sättet fick hon gå klädd så länge landssorgen var påbjuden. Hos morföräldrarna Sacklén i Nyköping bodde Anna från fyra års ålder. Morfadern, som varit fältskär i Finland, byggde det vackraste huset i staden, beläget vid Nyköpingsån på en kulle mitt emot Nyköpingshus. Anna skriver i sina minnen: "Om den enkelhet som rådde i möbler, kläder och mat kan ej den enklaste arbetare i våra dagar göra sig en föreställning. Och detta i det kanske mest ansedda hus i staden. Man fäste sig så litet vid penningar den tiden – men vilken fin umgängeston där härskade. Det är väl därför jag alltid avskytt Amerika, där cowboys och svinuppfödare kan med sina millioner tränga sig in med sitt 'slangspråk' nästan var som helst. (...) Morfar Sacklén dog 1851 och mamma kom upp till begravningen. Victor var då nyfödd och jag hade ej sett mamma sedan de flyttade till Norrköping

*Skrif i sand en oförrätt
en välgärning i sten.
Förlåt dig själf intet
men andra mycket.
Medgång gifver vänner
motgång pröfvar dem.
Morgonstund har guld i mun.
Intet är stort som icke är godt.
Intet är sant som icke består.
Tid, ord och ungdom fås ej tillbaka.
Andras fel göra ingen lag.
Motgång är ädelhetens utsäde.
Hvar och en ger sig själf värde.
Bättre fattig med ära
än rik med skam.
Prisa ej dag förrän sol är bärgad.*

Sidenlapptäcke sytt av romber som blir sexuddiga stjärnor och 224 hexagoner med monogram samt tolv deviser broderade runtom. Östergötland. Slutet av 1800-talet. 260 x 135 cm. Täcket restaurerades 1991–92 av textilkonstnär Lilian Busck-Jönson i Göteborg.

och vi blevo ej heller mycket bekanta sedan. Det kunde ju vara blyghet å båda sidor fast jag alltid trodde det var likgiltighet ty de tre barnen Victor, Robert och Ellen voro hennes favoriter."

Endast under kortare perioder vistades Anna i sitt föräldrahem Leonardsberg utanför Norrköping. 1855 flyttade hon till Stockholm där hon gick på olika skolor och bodde i pension. Jularna var hon kvar där men somrarna delade hon mellan Nyköping och Norrköping. Hon skriver i dagboken: "Mamma och syskonen kände jag så litet att pappa presenterade mig för henne och aldrig lärde vi förstå varandra."

När Anna var 18 år fick hon flytta hem och sköta skriverierna i mjölkkammaren. Hon fick hålla reda på hur mycket korna hade mjölkat och vad som sålts. Dessutom skulle hon vara guvernant till några av sina småsyskon. De skulle kalla sin egen syster för tant Anna – för respektens skull. Robert, som var ett av de yngsta syskonen, kallade sin syster för tant Anna hela livet. Anna var en stor sällskapsmänniska, musikalisk och språkbegåvad. En gång fick hon höra Jenny Lind sjunga, och det var en stor upplevelse för den musikaliska Anna; en annan gång blev hon erbjuden att sjunga i kvartett med Oscar II, men hon avböjde. Hon var troligen för blyg, trots att hon egentligen var van att föra sig och umgås i adliga kretsar. Hon skriver ofta i sina minnen om baler och om "bedårande unga adelsmän och baroner". Hon var långt ifrån utan friare.

Emil Boëthius, en fattig prästson från Ål, kom till Leonardsberg som bokhållare och friade år efter år till Anna. Men hon tackade nej. Vid 35 års ålder gav hon med sig och de gifte sig. Troligen hade hon nekat för att slippa få så många barn, men hon hann ändå få sju stycken: Elsa, Ivar, Ingrid, Signe, Sven, Lily och Annie.

De hade ett stort sällskapsliv på Leonardsberg och Anna var en charmant värdinna. Och det var genom sällskapslivet på Leonardsberg som de flesta lapparna i täcket kom till. Hon sydde ju täcket själv, och det är alla hennes vänner som har bidragit med monogrammen. De är broderade i varsin hexagonruta i svart siden, och kanske blev täcket som en gästbok. Många gäster kom ju till Leonardsberg och sov över natten.

Emil blev så småningom disponent vid Wicanders korkfabrik och de hade det gott ställt. Han uppfann en maskin för tillskärning av korken – en maskin som blev fabrikens guldgruva, men som Emil inte fick någon ekonomisk vinning av. En dag när han var i Stockholm och skulle gå av spårvagnen kom två skenande hästar och sprang på honom. Han dog senare av de skador han ådrog sig. Detta innebar katastrof för familjen.

Nu måste alla syskonen skingras. Släktingarna hjälptes åt att ta hand om barnen. Elsa, som hade ett år kvar på seminariet för att bli lärarinna, fick tillåtelse att avsluta sina studier och bodde kvar som enda barn hos modern. Anna hade en stor våning på Söder i Stockholm där hon

Dessa deviser hör till det täcke som aldrig blev klart:

*Gladt mod är dagligt gästabud.
Rik nog som nöjd är.
Egen härd är guld värd.*

hyrde ut och tog inackorderingar. På så sätt försörjde hon sig själv och Elsa. Signe till exempel fick avbryta sin utbildning och ge sig ut som guvernant och Sven fick gå till sjöss.

Anna hamnade till slut efter många flyttar med sitt pick och pack i Södertälje, där en före detta hemhjälp öppnat pensionat för äldre damer.

När hon fyllt 90 år kunde hon fortfarande slå sig ner vid flygeln och spela och sjunga. Hon deklamerade även Anna Maria Lenngrens dikt Porträtterna utantill. När hon la patiens räknade hon på franska för att inte glömma språket. Hon dog innan hon hann fylla 92 år 1934.

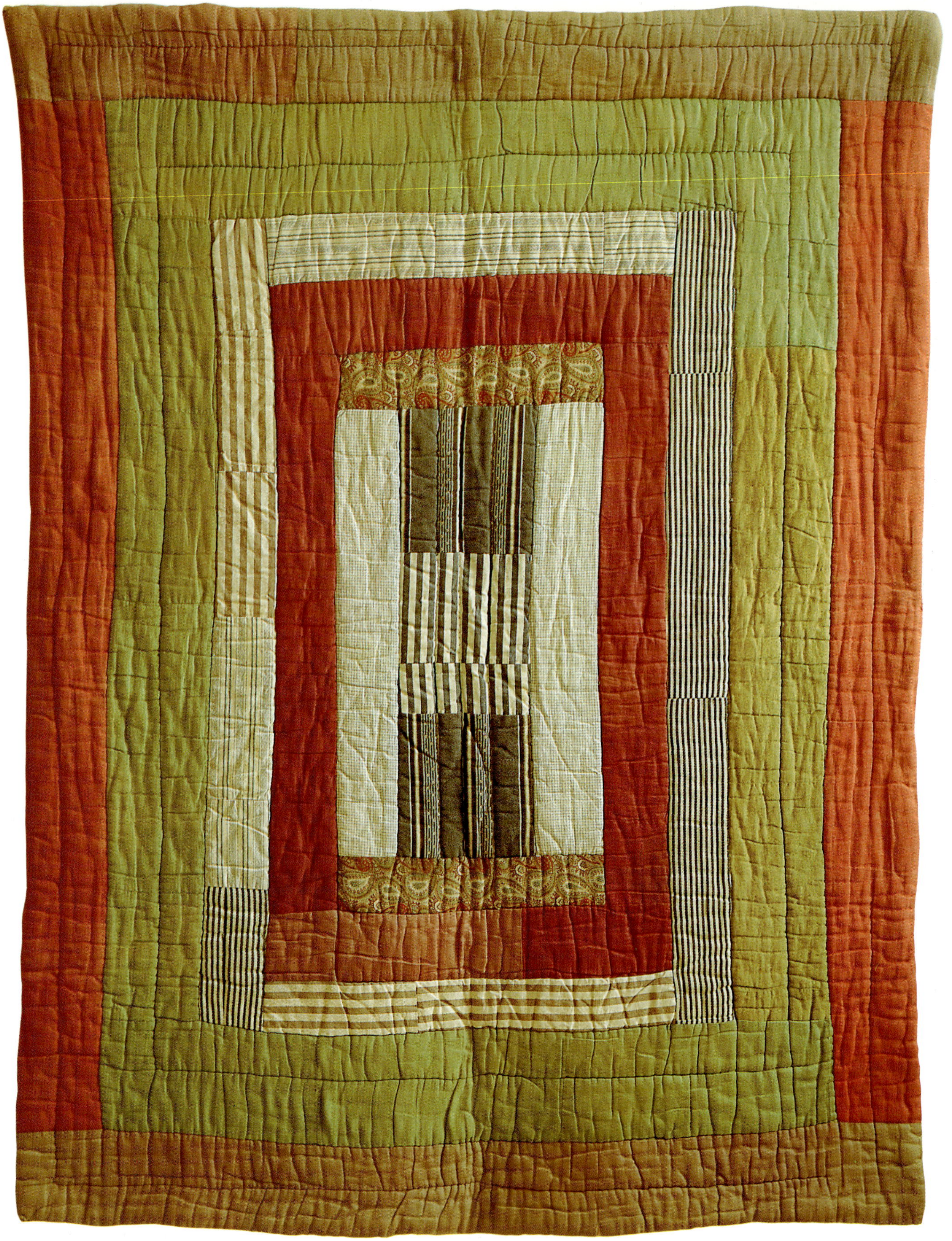

Både täcke och bild

Lisbet Ahnoff

Lapptäcke (188 x 137 cm), sytt av Matilda Andersson. Hon föddes 1860 i Fredbergs församling utanför Töreboda, i Skaraborgs län. 1888 gifte hon sig med Erik Otto Andersson. De fick fem barn. Göta kanal gick nära huset där familjen bodde, om sommarkvällarna kunde man höra båtarna utanför. Otto arbetade med att laga slussarna och var därför ofta borta under veckorna. Familjen odlade potatis runt huset och Matilda sa att "har vi bara potatis så slipper vi svälta". Matilda sydde familjens alla lapptäcken. Detta har bara använts till gäster, därför är det inte så slitet. Fotot är taget 1920. Matilda Andersson står i mitten. Man ser även hur potatisen växer.

Ett gammalt gott lapptäcke berättar för oss att det fanns ett utrymme för skönhetens onytta mitt i det påvra och nödvändighetspräglade.

Ett täcke som Matilda Anderssons, här bredvid, väcker känslor av ödmjukhet. Hon har bland annat använt bitar av brunvitrandigt bolstervarstyg. Två smala remsor av tyg med "persiskt" mönster utgör ett effektfullt, lite exotiskt tillskott. Helheten är vackert röd-grön, enkel och samlad, med en i mina ögon österländsk och meditativ klang.

Det är både täcke och bild.

Dess prakt vilar på sparsamhet.

Lappsömnad har ibland, inte minst inom religionens sfär, givits symbolisk betydelse. Såväl buddhistiska präster som islamska tiggarmunkar har burit klädnader i lappverk, som ett tecken på ödmjukhet.

Än mer uttryckligt talar den helige Franciskus grålappade klädnad om fattigdom och om att avstå från världslig strävan. I den italienska staden Assisi visas helgonets munkdräkt, enligt uppgift bevarad från 1200-talet. Den är sammansydd av grova brungrå ylletyger, med tydliga sömskarvar som understryker att den är lappsydd.

Lapptäckesprakten befinner sig ett stycke ovanför detta asketiska nolläge. Den vittnar ju om ett, åtminstone litet, överflöd.

Det framgår på andra håll i denna bok att dekorativ lappsömnad i svensk tradition gärna använts i samband med bröllop, i medeltida brudhimlar, i brudgåvornas skarvsömskuddar och hemgiftens lapptäcken.

När små tygbitar fogas samman till en större helhet, blir det i sig en bild av "tillsammans".

Jag kommer att tänka på några bilder av Agneta Goës, en konstnär som är lyhörd för sin samtid, och med ett tydligt rotfäste i det textila arvet. På en utställning 1979, kallad Omsorg – Vardag visade hon ett applikationsbroderi som bestod av crazysömmade, olikstora bitar från gamla handdukar, lakan och örngott, de flesta med monogram. Tygerna hade färgats in och tvättats ur tills alla lappbitarna stämde in i en kollektiv skär ton med små nyanseringar. Några broderade ord skilde ut sig: Du, Vi, Liv. Bilden talade med lättfattlig direkthet, utifrån kvinnors arbete med att foga samman både tyg och tillvaro, om människors beroende och samhörighet.

Ett citat av Emilia Fogelclou hörde samman med bilden: "Det finns inte längre någon plats för gruppegoism, vi måste leva eller dö gemensamt."

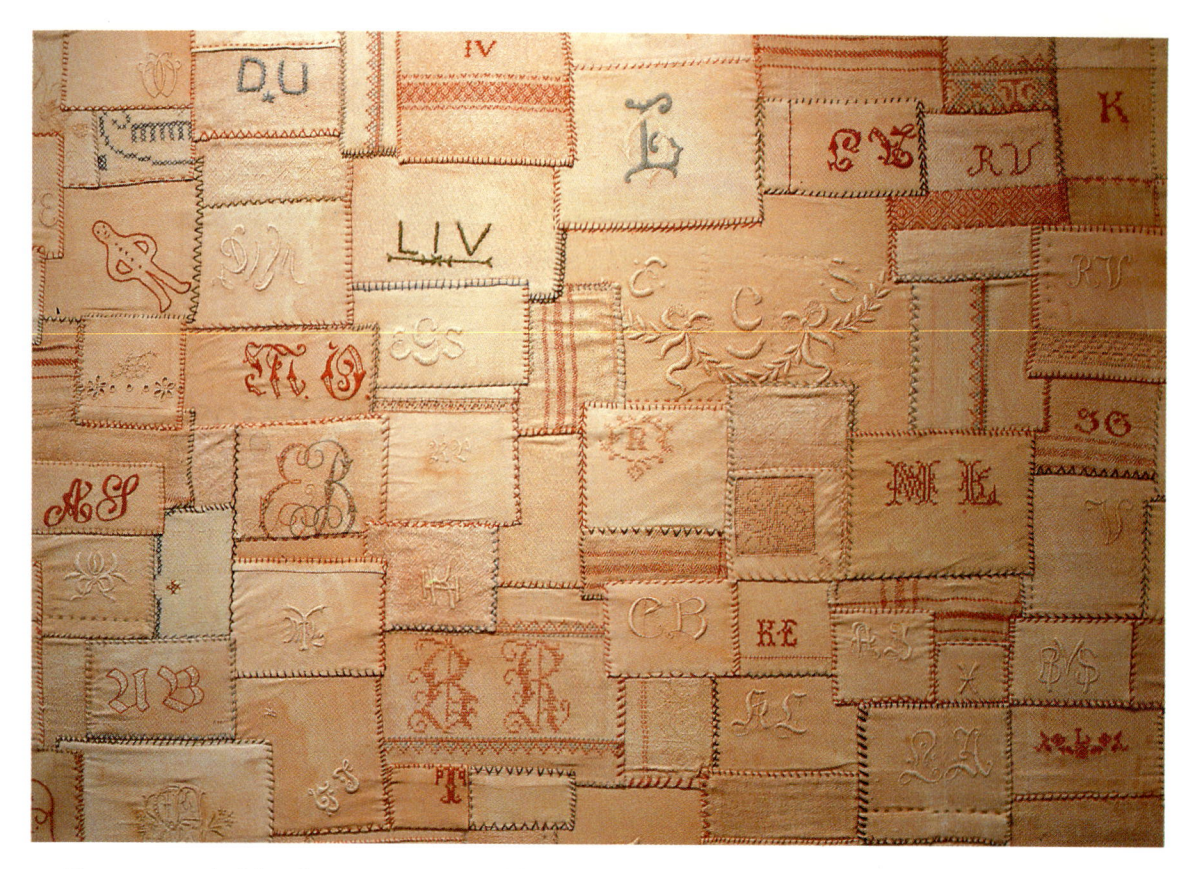

Agneta Goës: Vi (detalj), applikation samt broderi, 1979. 115 x 109 cm. Vi tillhör Klosters Rederi i Norge, SS Norway. Foto: Lisbet Ahnoff.

En annan också kvadratmeterstor applikation bar titeln Grå – längtan till ett enklare liv. Här hade Agneta Goës tagit steget till något mer radikalt eget. Grå, sliten, stoppad och lappad äger den viss släktskap med Franciskus klädnad. En bild av oavvislig, befriande enkelhet.

Många täckesmönster bygger på ett växelvis samspel mellan mörker och ljus, som en grundrytm, dygnets rytm om man så vill.

Växlingen mellan natt och dag som en del i mönsterkompositionen passar väl för en sängprydnad. Man kan säga att bädden är lapptäckets innehåll, kanske rentav dess själ.

Från bäddens tankehorisont skulle man kunna jämföra sovplatsen, prydd med ett av dessa vackra stjärntäcken, med jorden som dragit ett stjärnbestrött täcke över sig, när solen gått ner.

En tanke, lika bakvänd som en dröm.

Särskilt i det diagonalt trappstegsdelade stockhusmönstret sammanbor ljus och mörker, detta eviga motsatspar. I en komposition är den snedlutande linjen en stor tillgång, mycket kan hända med det diagonala och det raka tillsammans.

Men störst kraft äger ofta mittrutan, vare sig den är effektfullt och allvarsamt svart, lockande orange eller varmt kännande röd. Den röda mittrutan talar man om som husets härd, eller hemmets hjärta. Orange sägs uttrycka gästfrihet, som en lykta i fönstret. Uppradade, rutigt utspridda värmepunkter lyser upp täckets tygsamfällighet. Hem vid hem.

Det tygtimrade blocket med sitt laddade centrum blir också en stark bild av levande liv inom bestämda ramar.

I täckets kosmos kan ögat precis samtidigt uppfatta konstellationer i olika storlekar, som ömsevis framträder och kanske ingår i varandra. Det är tydligt i en del stockhusvarianter som spelar med olika geometriska former: romber, kvadrater, trianglar, kors och stjärnor. Ordet geometri betyder förresten jordmätning.

Lapptäcke sytt av Berta Larsson på 1930-talet.

Berta Larssons vilsamt blåomslutna täcke återges ovan och även på sidorna 116–117. Hon sydde det på 1930-talet av överblivna kappfoderbitar.

Det lite glansiga fodersilket formar en vacker mosaik i olika bruna, grå och svarta nyanser, med några tillskott av grönt, orange och lila.

Mönsterbygget är hennes eget. Formen är blockstabil, men ger plats åt ett rytmiskt pulserande färgspel, en evighetsrörelse. Jämfört med stockhustraditionen verkar det på en gång mer modernt och mer uråldrigt, universellt.

Varje block har en fyrdelad, schacklik mittruta. Den omhöljs av två ramar, den yttersta med skickligt diagonalsydda hörn, en väsentlig detalj. Det bryter mot det rutraka, ger en viss perspektivverkan och förstärker prismatiskt den inomboende ljus/mörker-växlingen.

Kappfodermosaiken kan leda tankarna till labyrinter eller tättliggande husgrunder. Tillsammans med det omgivande blå kan det tyckas ha drag av medeltida fana, med schackrutor och korsbildningar. Eller, varför inte, ett kyrkfönster. Ändå är det hela tiden ett mjukt vaddstoppat täcke.

Det bär, i likhet med andra lapptäcken, mönsterornamentik i tre "skikt": de hopsydda lapparnas mönsterbild, de enskilda tyglapparnas färger och mönster och, till sist, vaddstickningens stygn som i tysthet ger liv åt hela ytan.

I mönsterornamentiken möter lapptäckena bildkonsten. Lapptäckessömmerskan höll sig i stort sett till en given grundform men kunde spela egna melodier inom den. Brist och slump kunde tvinga fram avvikelser, som kanske blev estetiskt välgörande om den som sydde hade blick för det.

Vår tids konst är vittförgrenad och motsatsfull. Frihet från regler gäller snarast som grundregel.

– Skillnaden mellan mitt måleri och när till exempel Berta Larsson sydde sitt lapptäcke är väl främst att måleriet är en öppen process som kan ta nya vägar hela tiden. Hon har säkert först prövat sig fram intuitivt med lapparna, men sedan måste hon bestämma sig och följa det.

Det säger konstnär Britt-Mari Malmborg. I hennes måleri finns både ett intresse för ytan och en dragning till geometrisk mönstring som jag tyckt har beröringspunkter med textil- och lapptäckesvärlden.

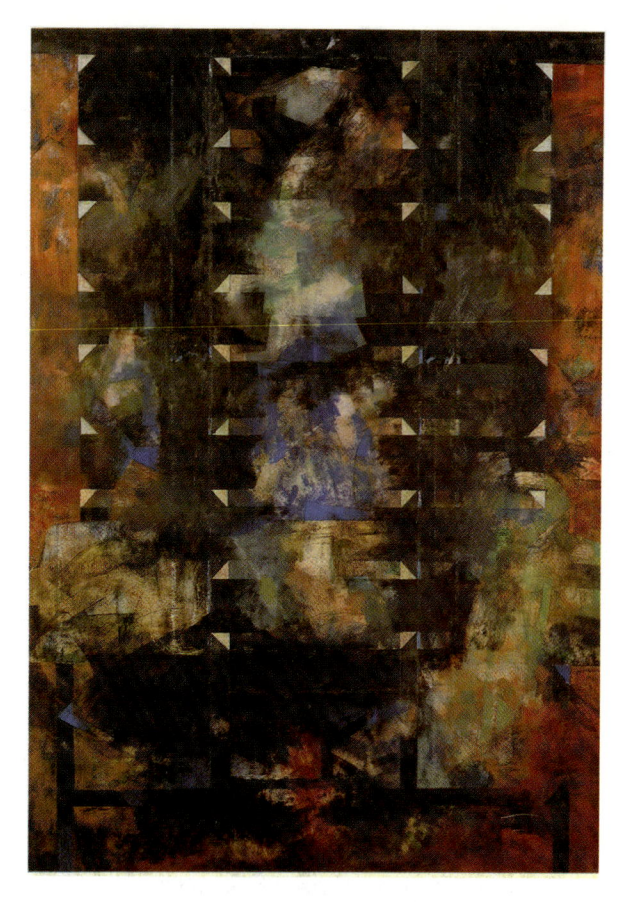

I målningen Jakobs stege dras vi in mot något som både är och inte är en nattmörk himmel, och en port. Färgskyar rör sig över ytan. Ljus bryter fram här och var, kanske rör sig några gestalter uppåt. Distinkta, stjärnvita trianglar avtecknar sig i regelbundet mönster, svarta raklinjer anvisar också den väldiga himlastegen. Målningen öppnar ett händelserum mellan det skarpt tillskurna och det svävande, olika skikt som ömsom ger fäste, ömsom glider bort.

Tydningen är inte uppenbar.

Britt-Mari Malmborg berättar hur spännande hon tyckte det var att under de tidigaste skolåren få lyssna till bibliska berättelser och sedan rita och måla dem. Bildscener som stannade i minnet.

Första Mosebok skriver om Jakob, som lade sig att sova på en helig plats, med en sten under huvudet: "Då hade han en dröm. Han såg en stege vara rest på jorden, och dess övre ända räckte upp till himmelen, och Guds änglar steg upp och ned på den."

Att behandla en yta så att den får mer betydelse än bara en yta är väsentligt för Britt-Mari Malmborg.

– Jag har kanske en bottenmålning som är ganska skiftande, med många lager och djup i. Så lägger jag på en bestämd form. Just det förstod jag plötsligt för många år sedan att det kommer ifrån att jag som barn tyckte det var fantastiskt när mamma, som var hemsömmerska, bredde ut tyg på köksbordet. Så fäste hon på de här silkepappersbitarna som man klipper runt, när man klipper till mönstret. Jag satt hela min barndom och ritade i köket.

Jag har förstått att det finns mycket i min formvärld som kommer från detta med tyg, även om jag själv inte alls är händig med det, eller medvetet har tänkt på textil.

Britt-Mari Malmborg: Jakobs stege. Olja och bladsilver på pannå, 122 x 86,5 cm, 1985. Tillhör Göteborgs Konstmuseum.

Jag ser på ett livfullt lapptäcke, inköpt hos Emmaus i Småland. Det är sammansytt av trekanter i randiga, rutiga, blommiga bomullstyger. Tre trianglar är röda och några blå. Grundordningen är mycket enkel, men växlingen mellan ljust och mörkt följer inte någon enkel regel, helheten har blivit kalejdoskopiskt förvillande. Lite misspass i hopsyendet av ett par längder bidrar ytterligare till rörligheten. Men blicken urskiljer en stor, genombruten rombform, och många små.
Jag tänker på fallande snö i universum, en frisk vinterdag.

Måleri handlar för mig om grundläggande, tidiga synintryck, bildminnen som ger en klang inom en, som man letar efter.

Inspirerad blir man av något som ligger utanför ens vanliga område, man lånar. Jag får mycket inspiration från den icke-akademiska traditionen, till exempel folkkonst från olika länder. Kanske är det så att jag som kvinna letar mer efter förebilder utanför den vanliga konsthistorien.

Britt-Mari Malmborg nämner också den schweiziske konstnären Paul Klee, en ofrånkomlig förgrundsgestalt i 1900-talets konst. Han sökte just efter ett mer ursprungligt bildspråk.

Det finns ett omfattande geometriskt formarv, inom flera traditioner. Vi ser det i ostformar och folkliga vävnader, i medeltida kyrkliga marmorgolv och väggdekor. Eller i Alhambramosaikernas oerhört sinnrika mönster, i arabisk tradition.

Omkring år 1860 hävdade Gottfried Semper, arkitekt och konstskribent, att all skönhets upphov är den textila ornamentiken och denna har uppstått ur flätning och vävning. Därur skulle sedan, mycket förenklat uttryckt, alla sorters konst ha växt, även arkitekturen. Gunilla Lundahl tar upp detta i en ytterst tänkvärd artikel (Matematikens ursprung i bilden) i boken Den sköna geometrin. Hon påpekar också att kvinnor i vävning, tillskärning och stickning behärskar en komplicerad men sifferlös matematik med hjälp av mönstrets bild och rytm.

1900-talets bildkonst har ofta hämtat friskt vatten i gamla källor. "Abstrakt" och "konkret" konst är moderna begrepp, men på sitt sätt finns företeelsen i rik mängd långt tillbaka.

Ett viktigt och djupt tidstypiskt inslag i nutida konst är den sönderdelade och sammanfogade bilden, i collage och assemblage. Jämförelsen med lapptäcken är given.

Lapptäcken och konst är inte samma sak. Man kan inte heller dra en gräns mellan dem.

Båda är mer.

Detta schagglapptäcke är förmodligen sytt av Anna Persson, född Dager, gift med Anders Persson, Hvilan 52, Långebro, Kristianstad. Möjligen kan hennes dotter Alma ha sytt täcket. Den högra bilden visar täckets baksida. På långt håll kan den ses nästan som ett rum med ett väldigt djup i. Helt oavsiktligt, naturligtvis. Det bara blev så. Baksidor är väldigt intressanta.

Crazy Quilt eller "toktäcke". Sannolikt omkring 1930. 188 x 121 cm. Täcket är sytt av silkig charmeusetrikå, som från och med 1930-talet användes till bland annat underkläder. Kompositionen är förvånansvärt fri och gjord med rytmiskt säker blick och påminner om den konkretistiska konst som slog igenom i Sverige i slutet på 1940-talet.

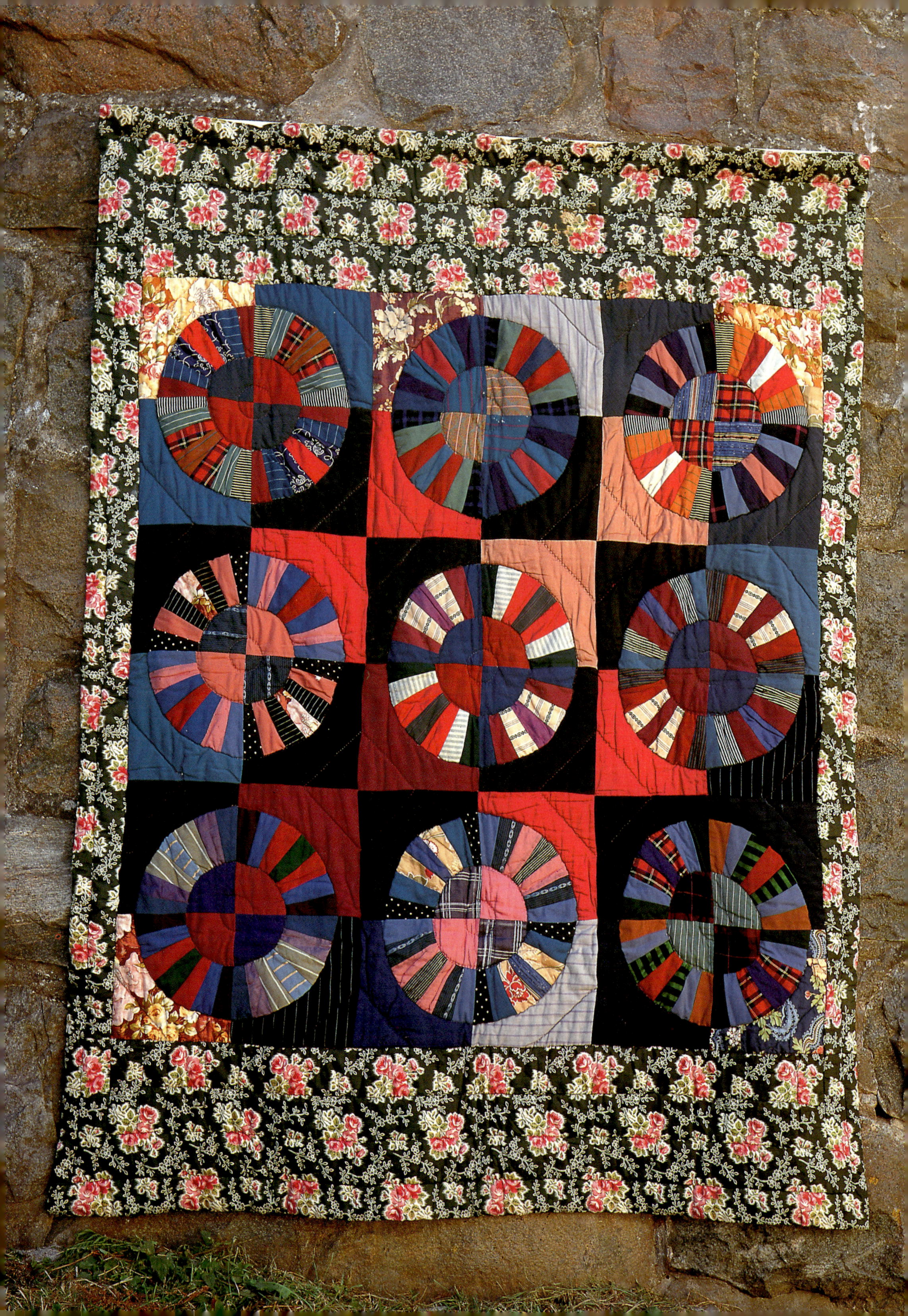

Kring lapptäcken
Åsa Wettre

Mannen med medaljerna ser rätt nöjd ut. De flesta kvinnor fick inga medaljer men var kanske glada ändå. Bilden visar täckstickerskan Sjutti Kattrina Nilsson från Järna i Dalarna. Om henne har en Järnabo berättat:

"Man bodde obekvämt och trångt i ett rum och kök. Lungsoten spreds på grund av trångboddhet. En del gårdar hade lapptäcken. På 1920-talet var det ganska vanligt och på 1930-talet. I fäbodarna var lapptäckena kvar längre. Till fäbodarna tog man det gamla, det sämsta man hade.

För det mesta bäddade man på halmen eller en halmmadrass med en så kallad lappgubbe som är en trasmatta av vita trasor hopsydd på mitten. Lappgubben var som ett underlakan. Överlakan förekom inte utan man använde lapptäcket direkt och en kudde.

En gumma i Järna hade det fattigt och slitsamt. Man såg täckbågen där hemma. Hon stickade täcken, mest brudtäcken och fick på så vis kontanter. Under 1920- och 1930-talen sydde hon mest. Sjutti Kattrina Nilsson hette hon. Sjutti Kattrina har utfört ett otroligt arbete!

Hon föddes 1881 och dog 1964, 83 år gammal. Hon hade familj med sju barn. Mannen var inte så stark så hon arbetade på åkrar och fält och korna mjölkade hon. Tre skolsalar städade hon och eldade tidigt på morgnarna. Hon tvättade och städade åt flera lärarinnor. Hon hade så bråttom. Hon hade så mycket att göra, alltid var hon glad som en sol. Hon sydde täcken och hon sydde alla kläder till familjen. Hade hon fått betalt för allt hon gjort hade hon varit förmögen."

Ovanligt lapptäcke visat 1991 på en utställning i Torekällbergets Museum, Södertälje. Täcket kommer från Sorunda i Sörmland och är troligtvis sytt vid sekelskiftet.

Lappmattor

"Ett annat sätt att tillvarataga tyglappar var att sy lappmattor. Härtill tog man smärre lappar som klipptes i form av en tunga och sömmades runt kanten med något vackert garn, vidare syddes mitt på tungan någon figur t. ex. ett glas, ett hus, ett djur. Detta arbete var barn intresserade av, att sy olika figurer var ju roligt. Då man fått ihop nog med lappar fästes dessa på något passande underlag, en bit vadmal, färgad säckväv el. d. Det färdiga plagget användes sedan som prydnadsmatta under något bord, symaskin el. d.

Numera förekommer inte tillverkning av lapptäcke eller mattor. Till sängkläder är det filtar eller kanske ett köpt sticktäcke. Ingen lumpsamlare kommer, allt går på soptippen." (LUF M 18422, Blekinge, lantbrukare Manfred Magnusson, Svängsta, född 1891)

Enligt en uppteckning i Folklivsarkivet i Lund syddes lappmattorna 1900-1915.

"Sladdakavring = lapptäcke av tungor av doffel som var som tungor 8 cm eller så. Så syddes lapp efter lapp från ena kanten till den andra. Man sydde fast den raka kanten så skulle den runda ligga lös ovanpå undan för undan. Det blev ju också ett rysligt tungt plagg. Skulle de vara riktigt fina så broderades en liten blomma på de här lösa runda lapparna." (LUF 151 M 184223, fröken född 1909, Blekinge)

Maria Larsson. St Mellösa, Närke 1907. Observera att mattan är sydd i stockhusmönster. Örebro läns museum. Foto: Samuel Lindskog.

Denna modell kallas för skoklackstäcke på grund av lapparnas form. Här används täcket som matta i Apladalens Hembygdsmuseum, Värnamo.

Skoklackstäcket med sammetsruta i mitten är mycket rikt broderat. Det har lämnats in till Emmaus i Småland.

Lapptäcket, novell av Sigge Stark

Ur tidningen Kvällsstunden nr 6 1979

Den unga prästfrun kom strävande genom blåsten mot fattiggården med ett stort paket under armen. Det var gamla Kerstis födelsedag, och hon skulle nu få sin högsta önskan uppfylld genom prästfrun. Det var födelsedagsgåvan, som den käcka unga damen utverkat åt det gamla hjonet, som hon nu i triumf knogade dit med.

Det hade inte varit så lätt för henne att beveka dem som hade makten, och om hon inte varit gift med prästen och fått honom över på sin sida, så hade det nog inte gått.

Det var så, att Kerstis högsta och enda timliga önskan länge varit att få ha sitt gamla slitna lapptäcke i sängen i stället för det som hörde "Ålderdomshemmet" till, men hur hon tiggt och bett om detta enda, så hade hon alltid fått nej. Hur skulle det komma att se ut, om de gamla finge plocka sängarna fulla av gammal lump, som ingen visste vad för slags ohyra den kunde innehålla?

Fick en sin vilja fram i det fallet, så skulle alla de andra snart pocka på att få det likadant.

Kersti hade ju ett stort, varmt och rejält täcke i sin säng, hon som de andra, och det var både meningslöst och otacksamt av henne att vilja byta ut det mot det där lapptäcket. De hade ju ändå gått så långt i sin välvilja mot henne, att de bevarat täcket åt henne.

Det låg i gott förvar på sy-Linas vind bland all möjlig gammal bråte, som samlats där under årens lopp.

Prästfrun hade också fått höra invändningar, när hon bad för Kersti, och hon hade samvetsgrant underrättats om ålderdomshemmets regler, som bestämde, att inga andra sängkläder fick begagnas, än de som hörde fattigvården till. Men hon hade stått på sig, och nu till Kerstis 90-årsdag hade hon fått sin vilja fram.

Kersti hade en liten kammare för sig själv och låg alltid till sängs sedan ett år tillbaka. "Värken" hade brutit ner henne, men hon hade alla sina själsförmögenheter i gott behåll och var glad när någon tittade till henne.

I dag var det kafferep inne hos Kersti och alla "pensionärerna" var församlade där inne, när prästfrun kom. Hon slog sig ner bland dem, drack kaffe och pratade så gott och "gement", att hon inte alls störde stämningen. Snarare tvärtom. Gamla hjärtan värmdes av hennes glada vänlighet och hennes omtanke om vars och ens krämpor, och hon fick dem alla i den stämning hon ville ha dem just nu, blida och tillmötesgående. Hon hade åtagit sig det svåra värvet att släta över "orättvisan".

– Hör ni alla här inne, sade hon med ens helt beslutsamt, ni unnar ju Kersti en glädje, inte sant?

Visst, visst gjorde de det.

– Och ni som ännu, mänskligt att döma, har flera år att leva än hon vill nog låta henne få en förmån framför er?

Där kom svaret litet mera tvekande från ett par håll, men det blev dock "ja".

Och så kom den stora stunden. Kersti låg där alldeles stilla, utan att säga ett ord, medan prästfrun bytte ut hennes röda täcke mot lapptäcket, men hennes ögon log genom tårar. Hon kunde inte göra mera än krama prästfruns hand i sina värkbrutna fingrar och mumla ett grundligt:

– Tack, å tack!

När de andra gått var och en till sig, frågade prästfrun:

– Men varför är Kersti så förtjust i just det där täcket?

Den gamla strök över det med sin darrande hand.

– Det är en bit av allting i det, svarade hon, och det har varit mitt sällskap så många gånger.

Hon visade på en stor svart lapp, som bildade täckets medelpunkt.

– Det är av min brudklänning, det där, ser frun. Och den där lilla röda lappen intill är se'n jag var en tio års tös. Det var så, ser frun, att vi hade getter åt annat folk i våran fäbod om somrarna, och det året var det en liten bock som jag var så innerligt gla' i.

Han var så oherrans snäll och fin, det lilla livet, rosig och grann och ackurat som en hund efter mig. Det var en bonde nerifrån byn, som ägd'en, och på hösten skulle han ner förstås. Men jag ville inte släpp'an, utan jag tog och gömd'en i en lada och tänkte att de skulle inte märka att han inte var med.

Jag stal bocken, förstår frun. Men det är klart, att mor fick tag på bå' honom och mig och iväg kom han, fast jag skrek och höll i'n. Jag hade den där röda kjolen på mig då, och han fick fast ett horn i den och rev opp den ända ner.

Då tog mor den där lilla lappen och gömde'n och sa' att den skulle jag alltid ha kvar för te håga, att ta'r en det som är en annans så mister en sitt eget ock.

Se kjolen var förstörd, den. Ärlig ska' en va' för jämnan, om det ska gå väl, sa' hon, och det har jag aldrig glömt i hela mitt långa liv.

Ser frun en vit lapp där på andra sidan? Den är efter den stassen jag hade, när jag läste fram. Den klänningen hade äldsta dotra mi ock, när hon stod på gången. Den där blårutiga bomullslappen är efter ett huvudkläde, som jag hade när Jonas sprang och fria te mig, och jag mötte honom om lördagskvällarna bakom våran skogslada. Det var så grant då om nätterna, varmt och ljust och månsken ibland.

Jag hade mest det klädet på mig för jämnan, för han sa' att jag var så fin i'et. Ja, Herre Gud, den tiden! En visste inte stort då, och allt var så roligt för en! Och se'n när jag sto' brud i den där svarta klänningen, som jag hade till fin se'n hela tiden i trettio år, vad jag var lycklig då!

Nog visste jag, att det skulle bli slit för födan, en är ju född till det, och slit var det, men en var ju ung och stark då. Och Jonas var en redig karl, och det säger jag då, att aldrig var han annat än snäll ve både mig och barnen, fast det var knappt om maten många gånger.

Men inte kunde han hjälpa det, och vi gjorde så gott vi kunde. Det där rosiga tyget där i hörnet fick jag av honom första julen te ett nytt huvudkläde, för det blåa var slut då. Och när jag fått det på mig, tog han mig i famn och sa' att vackrare jänta fanns inte i sju kyrksocknar än jag.

Han tokades ju förstås, men jag hågar det ändå, för han menade allt nå' med vad han sa' i alla fall.

Det här bruna är ur lill-Jonas första byxor, som jag vävde och sömmade åt honom och som han va' så oherrans stolt över. Jag har vävt mest alltihop av det som är från den tiden, så jag vet det håller ihop min tid ut, det som är kvar av'et.

Det där gråa vadmalstyget vävde jag åt Jonas till kläder, när han skulle ligga på timmerkörning en vinter. Ser hon, att det är som en repa i'et, som ä stoppad? Där högg han yxan i benet så där blev kallbrand och doktorn fick ta' av'et.

Det var se'n, när han blev så ofärdig, som jag riktigt fick ta i. Då va' Lisa 14 år och di andra sex mindre, och hon fick ta' hand om dem mens jag körde färdigt det som Jonas tagit på sig för vintern.

Vi slet bå' hästen och jag, så jag glömmer't aldrig. Tjockt med snö i skogen och stockar så tjocka och tunga, så jag blödde näsblod ibland av ansträngningen. Men färdigt vart det, och penningarna fick vi, och då köpte jag det där tyget te en kjol åt mig av grannmoran för jag hann ju inte väva mens jag körde, kan tänka, och Lisa var för liten hon.

Den där stora blåa lappen i hörnet där är av arbetsblusen, som Jonas hade på sig, när han stod på vedbacken och högg året därpå och fick slag så han dog på kvällen.

Då vart jag ensam med sju ungar och fick ta' te och försörja allihop. Hästen fick jag sälja och en ko och halva grisen, när han blev slaktad, och den kon vi hade kvar mjölkade dåligt – hon va' gammal, kantänka – så vi hade't allt smått med maten.

Men av hästpengarna sparade jag i alla fall så pass, så jag hade te doktorn och allt, när Erik blev sjuk och fick opereras i magen. När han blev bättre och kom hem hade han alltid på sig den grårutiga lillrocken, som jag sömmat åt'en, mens han va' borta, som den där tygbiten är av.

Han tyckte den va så grann, och jag hade inte hjärta te neka'n fast den tröjan just som skulle va' te söndags. Jag ä gla' att han fick han', för han dog allt se'n ett halvt år efter av magsjukan.

Alla lapparna på den här sidan är av barnas kläder från di va små tess di dog eller for te Amerika. Di är två där, som lever, annars har jag bara Lisa kvar nu. Hon kommer allt och ser te mig lite emellan, men hon är inte så stark, så henne kan jag ju inte vara hos, smått som di har'et om brödbitarna också.

Folk blir sämre efter som tiden går. Tänk, när jag var som Lisa! Då band jag kvastar och gick tre, fyra mil om da'n för te sälja dem. Hon blir jämt 71 te vår'n, men hon skulle väl inte orka gå stort mer än milen.

Det var då, innan det tog slut på krafterna, som jag begynte sömma det här täcket – så där för en 20 år se'n. Jag håga allt för var lapp jag satte dit vart han hörde och hur det var då, och om kvällarna kunde jag sitta och bara se på't och komma ihåg allting som det var.

Den sista lappen jag satte dit, var för 14 år se'n, innan jag kanta täcket. Det fattades en liten lapp, och jag skulle just te å leta åt en, när det kom bud att jag skulle gå te prästen för sista son mins saker hade kommit te mig ända från Amerika.

Han va' död då, ser frun, och jag visste ingenting förr'n då av'et. Det va' en del saker till och ett par nästan nya arbetsbyxor. Nå'n vecka senare sydde jag allt fast en lapp av dom i hörnet där det fattades en bit och gjorde täcket färdigt.

Det har allt vart så illa tomt efter alla mina lappar se'n jag kom hit så det kan hon aldrig tro, frun.

Jo, nu förstod prästfrun. Nu undrade hon inte längre, varför Kersti så gärna ville ha sitt gamla täcke. Det var för henne vad fotografier, brev och andra souvenirer är för en del andra människor.

Prästfrun strök sakta, nästan vördnadsfullt över det slitna gamla täcket, innan hon tryckte Kerstis knotiga hand.

– Ett lapptäcke – ett människoöde, sade hon lågt.

Bilden är hämtad ur Ulla Isakssons och Erik Hjalmar Linders bok "Elin Wägner. Dotter av Moder Jord 1922–1949."

Utställningen "Lapptäcken - en kulturskatt"
är till sommaren 1993 visad på följande ställen:

Maneten, Göteborg
Frölunda Kulturhus
Museihallen Blå stället, Angered
Bibliotekshallen, Mellerud
Kalmar läns museum, Kalmar
Kulturmagasinet, Sundsvall
Museet Kvarnen, Filipstad
Västerås konstmuseum
Dalarnas museum, Falun
Skaraborgs länsmuseum, Skara
Skellefteå museum
Mölndals museum
Museet i Varberg, Fästningen
Örebro läns museum, Örebro
TextilMuseet Borås
Centre Culturel Suédois, Paris
Liljevalchs Konsthall, Stockholm

Museer i Sverige som har gamla lapptäcken eller andra föremål i lappteknik

Alingsås museum
Armémuseum, Stockholm
Blekinge läns museum, Karlskrona
Bohusläns museum, Uddevalla
Falbygdens museum, Falköping
Gotlands Fornsal, Visby
Gävleborgs läns museum, Gävle
Halmstads museum
Historiska Museet, Göteborg
Historiska Museet, Stockholm
Jämtlands läns museum, Östersund
Jönköpings läns museum, Jönköping
Kalmar läns museum, Kalmar
Kulturen, Lund
Lidköpings Hantverks- och Sjöfartsmuseum
Löfstad slott, Linköping
Malmö museum
Museet i Varberg, Fästningen
Nordiska museet/Julita, Stockholm
Norrbottens museum, Luleå
Roslagsmuseet, Norrtälje
Röhsska konstslöjdmuseet, Göteborg
Skansen, Stockholm
Skaraborgs länsmuseum, Skara
Skellefteå museum
Smålands museum, Växjö
Södermanlands museum, Nyköping
TextilMuseet Borås
Textilmuseet Högbo
Torekällbergets museum, Södertälje
Upplandsmuseet, Uppsala
Västerbottens läns museum, Umeå
Västmanlands läns museum, Västerås
Örebro läns museum, Örebro
Örnsköldsviks museum, Örnsköldsvik

De flesta museer kan ta emot enstaka personer/grupper för studium av täcken, men ring alltid i förväg och gör upp om tid.

Ordlista

Bruksanvisning till ordlistan som består av fem delar: 1. Termer som förekommer i lapptäcksvärlden. 2. Mönsternamn. 3. Allmänna textiltermer. 4. Geometriska figurer och 5. Kuriosa. I den sista avdelningen har jag tagit med lite lustiga dialektala uttryck som jag inte vill undanhålla er, samt "lapptäcke" översatt till några olika språk som jag har stött på. Om ni kan fler kan ni själva fylla på listan.

Termer: lapptäcken och sticktäcken

Baksida. Till ett lapptäckes baksida användes oftast ett enfärgat tyg, men ibland skarvade man ihop en baksida av de tyger som fanns till hands. Se till exempel shagglapptäcket på sidan 168.

Block. Se mönsterblock.

Brudtäcke. Lapptäcke eller sticktäcke som syddes till den blivande bruden. Se sidan 12 och Brudtäcken i Roslagen sidan 34 f.f.

Bröllopstäcke. Täcke som syddes till ett bröllop. Se även brudtäcke.

Folkdräktstäcke. Täcke sytt av folkdräktstyger. Se Lapptäcken i Sjuhäradsbygden sidan 44 f.f. Se även täcke sidan 97.

Gästtäcke. Lite finare täcke som bara användes till gäster. Det kunde vara ett före detta bröllopstäcke. Till gäster tog husmor det bästa hon hade.

Lappmosaik. Äldre beteckning för lappteknik.

Lapptyg. Se täckyta.

Lapptäcke. Täcke där översidans tyg består av olika lappar som är ihopsydda.

Mall. Mallar av papper används när man syr själva lapptyget och en annan sorts mallar används vid stickningen av täcket. När man syr lapptyget klipps tyget ut med sömsmån och spänns eller kastas fast runt mallarna. De monterade bitarna kastas ihop med fina stygn från baksidan. Se fram- och baksidan på stjärnan i början av boken. Mallar som användes vid stickning av täcken visas på sidorna 23 och 24.

Mellanlägg. Se stoppning.

Mönsterblock. Del av lapptäckets översida, oftast kvadratisk, av lappar i geometriska former. Flera block sys ihop till ett lapptyg. Se även stockhusmönstret.

Passbit. Mindre tygbit mellan blocken. Se Täckets anatomi på sidan 27.

Puskor. Knutar av garn. Användes i stället för stickning. Se bild sidan 24.

Raffelstopp. Grå vadd av återanvända textilier. Användes till stoppning i täcken.

Sidenschalstäcke. Täcke där sidenschalar eller delar av sidenschalar användes. Se Brudtäcken i Roslagen sidan 34 f.f.

Skarvsöm. "Regelrätt" skarvsöm såsom man menade med skarvsöm förr, var när man sydde ihop ett par tyger med en skarv emellan, som kunde bestå av en remsa av kläde eller skinn, som stod rätt upp i sömmen. Nuförtiden har skarvsöm fått en annan betydelse, man behöver ingen "skarv" för att det ska kallas skarvsöm, utan nu menar man att syr man ihop två tyger så är det skarvsöm, men mestadels säger man bara lappteknik.

Skräddartäcke. Lapptäcke sytt av skräddare. Se Män och lapptäcken sidan 40 f.f.

Soldattäcke. Täcke sytt av soldat. Se Lapptäcken i Sjuhäradsbygden sidan 44 f.f.

Spegel. Större mittdel i lapptäcke, oftast i finare tyg. Se Täckets anatomi på sidan 27.

Stickning av täcken. Att sticka täcken innebär att man syr (sticker nålen upp och ner) genom täckets tre lager – övertyget, stoppningen och fodret/undertyget – för att fästa vadden på plats. Redskapet som används heter heter stickbåge. (Se detta ord.) Man syr (stickar) med förstygn (det vill säga vanliga uppochnerstygn) som korta tråckelstygn eller också syr man med efterstygn. Man kan också säga att man kviltar täcken, som är en försvenskning av ordet *quilt* från engelskan som vi numera stavar på svenska med kv. Eftersom vi sedan gammalt har ett eget ord för detta i Sverige har jag valt att använda det i den här boken: att sticka täcken. Själva sticksömmen kallas stickning. Se även Sticksöm på sidan 23 f. f. och olika mönster som användes vid stickning av lapptäcken och sticktäcken på sidan 25.

Stickbåge. En ställning som man spänner upp och stickar täcken på. Se Stickbågen sidan 26. Andra ord för stickbågen är stoppstol, täckbåge, täckram, täckstickningsstol och täckstol.

Sticksöm. Se stickning.

Sticktäcke. Täcke stickat med helt tyg på båda sidor.

Sticköl. När flera träffades för att arbeta tillsammans med täckstickningen ställde man kanske till med ett kalas. Det kallades också lapptäcksgille eller täckstickningsöl. Se sidan 18.

Stoppning. Det man fyller täckena med för att de ska värma. Se Täckets anatomi sidan 27. Som stoppning använde man oftast vadd, raffelstopp, kardad ull eller linblånor. Se Vadd sidan 29.

Stoppstol. Se stickbåge.

Täckbåge. Täckram. Täckstickningsstol. Täckstol. Se stickbåge.

Täcktyg. Speciellt tyg att sy täcken med. Det kunde vara av sidonia, satin eller bomullstyg.

Täckyta. Översidan på ett täcke. Kallas också överstycke eller lapptyg. Se Täckets anatomi sidan 27.

Understycke. Se baksida.

Vadd. Se stoppning.

Överstycke. Se täckyta.

Mönster

Vad vi i Sverige på 1800-talet kallade de olika lapptäcksmönstren vet vi ju inte säkert. Kanske hade vi egna svenska namn? Många av lapptäckenas mönsternamn som vi använder i dag är därför direkta översättningar från engelska, till exempel niolappsmönster = *Nine-Patch*.

Ananas. Variant av stockhusmönstret med diagonalt skurna ändar. Se täcken sidorna 72 och 104.

Court House Steps. Se rådhustrappan.

Crazy Quilt. Se "toktäcke".

Enlappsmönster. Se Mönster sidan 32. Se täcke sidan 73.

Fyrlappsmönster. Se Mönster sidan 32.

Husbygge. Variant av stockhusmönstret, som ibland även kallas takstolar. Se täcke sidan 92.

Ljust och mörkt. Variant av stockhusmönstret. Se täcken sidorna 67 och 89.

Log Cabin. Se stockhusmönstret.

Niolappsmönster. Se Mönster sidan 32. Se täcke sidan 130.

Raka spår eller fåror. Variant av stockhusmönstret. Se täcken sidorna 71 och 124.

Remsmönster. Mönstret består av remsor som är diagonalt sydda på ett kvadratiskt bottentyg. Beroende på hur blocken monteras kan ett timglasmönster eller en diagonalrand erhållas på täcket. Se täcken sidorna 81 och 83.

Roman Stripes. Se remsmönster.

Rådhustrappan. Variant på stockhusmönstret.

Solfjädersmönster. Se Teknik sidan 30 f.f. Se täcke sidan 80.

Stjärnmönster. Se Mönster sidan 32. Se täcken sidorna 68, 107, 123 och 155.

Stockhusmönstret. Detta mönster har kanske varit det vanligaste i både Amerika och Sverige. Det kallas också blockhus- eller timmerhusmönstret, men i den här boken kallar vi det stockhusmönstret. Lapparna fogas samman till ett block vars ena diagonala hälft oftast är av mörkare tyger, den andra av ljusare. Detta block kallas stockhusrutan. Jag har på senare år valt att kalla denna teknik för stockhusmönstret, för det är verkligen en målande beskrivning av vad det föreställer. Man riktigt ser stockarna i stockhuset runt eldens ruta som oftast brinner = röd, eller är släckt = svart. Visserligen hade man lärt sig att det hette blockhus förut, men stockhus tycker jag är en bättre benämning för att undvika förväxling med ett block. Se detta ord i ordlistan. Det finns ett stort antal varianter av stockhusmönstret. Se till exempel ananas, husbygge/takstolar, raka spår eller fåror och väderkvarnsvingar. Stockhustäcken finns bland annat på sidorna 65, 69, 76, 79, 95, 99, 104, 119 och 149.

Takstolar. Se husbygge.

Timglasmönster. Se Mönster sidan 32. Se täcke sidan 72.

"Toktäcke". Mönster som blev vanligt 1870–1900 i Amerika. Oregelbundna, olikfärgade bitar av bland annat silke, taft, satin och sammet fogas samman. Över tygkanterna sys sedan dekorsömmar. Ibland ingår även broderade fragment. Se täcken sidorna 117, 127, 129, 135 och 169.

Väderkvarnsvingar. Se Variant av stockhusmönstret sidan 32. Jämför med en snarlik variant som kallas för ananas sidan 72.

Wind Mill. Se väderkvarnsvingar.

Textiltermer

Applikationsarbete. Olikfärgade ofta figurativa tygbitar fastsydda med olika slags stygn på tygunderlag. Kallas även applikationsbroderi eller påläggssöm.

Bindmössa. Mössa med hård klistrad stomme, överklädd med siden eller kattun.

Blaggarn. Grovt garn spunnet av linblånor.

Chintz. Ett tunt, fast bomullstyg, ofta blommigt och glättat eller vaxat på ena sidan.

Doffel. Fyrskaftat, valkat och ruggat, tjockt ylletyg.

Hyende. Kudde. Se Skarvsömsdynor sidan 52 f.f.

Kattun. Ett slags tättvävt tuskaftstyg, vanligen av glättat bomullstyg, som oftast förekommer med tryckta färgmönster.

Klut. Tygbit, kan också betyda huvudduk, "huvudklut".

Mosaikbroderi. En slags lappteknik där skarvarna döljs av påsydda skinn- eller linneremsor.

Passpoal. (Av franskans *passepoil*), snöre som är insytt i en söm eller i en fåll på ett klädesplagg.

Percal. Bomullstyg, tuskaft med tryckt mönster.

Påläggssöm. Se applikationsarbete.

Päll. Fram till 1800-talets slut brukade en päll hållas över brudpar under vigselakten. En päll kunde också sättas upp över hedersplatserna vid ett bord vid högtidliga tillfällen.

Satin. Tyg med glänsande yta. Vävt med minst fem skaft i oliksidig bindning.

Sidonia. Enfärgad satin av bomull som är slät eller mönstervävd.

Sträver. Linavfall som användes som stoppning.

Geometriska figurer

Hexagon. Sexhörning. Lappar med sexhörnig form.

Oktogon. Åttahörning. Lappar med åttahörnig form.

Romb. Parallellogram vars alla sidor är lika stora men vinklarna inte räta.

Romboid. Parallellogram vars närliggande sidor inte är lika stora och vinklarna inte heller räta. Till romboiderna räknas således alla parallellogrammer som är varken romber, kvadrater eller rektanglar.

Kuriosa

Lasa. Lasa var detsamma som trasa, men trastäcke sade man dock inte (LUF M 18422 Blekinge, man född 1891).

Lasatäcke. Benämning för lapptäcke i bland annat Blekinge.

Paltatäcke. Täcke liknande trasmatta i fattigare hem.

Sladdakavring. Sladdakavring kallades lappmatta i Blekinge. Se Lappmattor sidan 172.

Lapptäcke på olika språk:

Finska = *tilkku-täkki*

Ryska = *sarok*

Persiska = *thehel tikiha* (egentligen 40 lappar)

Estniska = *räbalvai*

Tyska = *Lappenarbeit, Mosaikarbeit,* gammaltyska=*Flickwerk*

Holländska = *lappendeken*

Litteraturlista

Litteratur på svenska

Adelswärd, Louise: *Heddas journal.* En ung herrgårdsfrökens dagbok 1794—1810.
Stockholm: Wahlström & Widstrand, 1935.

Andersson, Kaj: *Handarbetet till heders.* Fredrika-Bremer-Förbundets skriftserie 2.
Stockholm: Natur och Kultur, 1939.

Arbete och redskap: materiell folkkultur på svensk landsbygd före industrialismen. Nils-Arvid Bringéus (utg.) Kapitel nr 7 "Textilier" av Gertrud Grenander Nyberg.
Lund: LiberLäromedel, 1979.

Arnborg, Gunnar: *Farmors stoppelåda.*
Mölnlycke: H. G. Arnborg, 1983.

Arninge, Georg: *Axevallaslöjd.* Den kvinnliga slöjden vid Axevalla folkhögskola.
Lidköping: Götatr., 1926.

Berg, Gösta och Svensson, Sigfrid: *Svensk bondekultur. 2.*
Stockholm: Bonniers, (1934) 1971.

Berg, Hedvig: *Handbok i fruntimmers handarbeten.*
Stockholm: Bonniers, 1873—74, 4 vol.

Bergfors, Georg: *Lapptäcke.* Skildringar från Nord-Sverige.
Stockholm: Diakonistyrelsen, 1945.

Bergman, Ingrid: "Återanvändning av gamla kläder i bondesamhället." I *Fataburen*, Nordiska museets och Skansens årsbok, Stockholm 1980, s. 139-148.

Bernadotte, Lennart: *Kungen i bild.* En fyrtiårig eriksgata genom Sverige.
Stockholm: Seelig, 1948.

Beskow, Rut och Snidare, Uuve: *Siden, sammet, trasa, lump.* En bok om textilt skapande.
Stockholm: Wahlström & Widstrand, (1973) 1975.

Branting, Agnes: *Prydnadsöm.* En liten vägledning i kvinliga handarbeten.
Stockholm: Aftonbladet och Dagen, 1910.

Branting, Agnes och Lindblom, Andreas: *Medeltida vävnader och broderier i Sverige.*
1. Svenska arbeten.
Stockholm: Fritzes bokhandel, 1925.

Burgess, Anthony: *Att gå till sängs.*
Stockholm: Brombergs, 1982.

Clayhills, Harriet: *Kvinnohistorisk uppslagsbok.*
Stockholm: Rabén & Sjögren, (1991) 1992.

Coyet, Henriette: *Om kvinnlig slöjd i Skåne: En översikt.*
Skånska hembygdsböcker, utgivna av Moje Biarner.
Malmö: Scania, 1949.

Coyet, Henriette: *Textil allmogeslöjd.* Bara härads beskrivning. 1.
Bara: Bara härads hembygdsförening, 1923.

Dahl, Hjördis: *Högsäng och klädbod. Ur svenskbygdernas textilhistoria.*
  Helsingfors: Svenska litteratursällskapet i Finland, 1987.

Danielsson, Sofia: *Den goda smaken och samhällsnyttan.* Om Handarbetets vänner och den svenska hemslöjdsrörelsen. Nordiska museets handlingar 111,
  Stockholm: Nordiska museet, 1991.

Dannemann, Barbara: *Sy och kvilta lapptäcken.* Mönster och beskrivningar till täcken, kuddar, väskor.
  Stockholm: Wahlström & Widstrand, 1979.

Det handlar om textil. Anna Maria Claesson (red.) Meddelanden från Jönköpings läns hembygdsförbund och Stiftelsen Jönköpings läns museum; 60.
  Småländska kulturbilder 1989.

Diding, Karin: *Lapptäcken och andra föremål sydda av lappar.* Uppsats i etnologi.
  Handledare: Docent Brita Egardt, C1-kursen Vt 1974.
  Lund: Etnologiska institutionen med folklivsarkivet, 1974.

Ejdestam, Julius: *Så har vi bott.* Om bostad och bohag genom tiderna.
  Stockholm: Rabén & Sjögren, 1979.

Eklund, Hans: *Josabeh Söberg. Målarmamsellen från 1800-talets Stockholm.*
  Nacka: Atlantis i samarbete med Stockholms stadsmuseum 1980.

Elg, Naemi: *Handarbetsteknik.*
  Stockholm: Bonniers, 1926.

Eneroth, Andrea: *Handledning vid undervisning i handarbete i högre flickskolor.*
  Läroböcker i huslig ekonomi.
  Utgiven av fackskolan i Uppsala 1904.

Ericson, Nina: *Kläder!*
  Stockholm: Brombergs, 1983.

Estham, Inger: "Birgittinska broderier". I *Den ljusa medeltiden:* studier tillägnade Aron Andersson.
  Stockholm: Statens historiska museum, Studies 4, 1984.

Estham, Inger och Nockert, Margareta: *Skatter i textilkammaren.*
  Stockholm: Statens historiska museum, 1987.

Falkås, Gunnar: *Den siste knallen.*
  Stockholm: LT, (1972) 1976.

Falkås, Gunnar: *Knalle och vävare.*
  Stockholm: LT, (1969) 1975.

Falkås, Gunnar: *Knallepåsen.*
  Stockholm: LT, (1967) 1973.

Fischer, Ruth: *Handarbetsbok: Med kompositioner och detaljritningar.*
  Stockholm: Bonniers, 1929.

Föreningen Handarbetets vänner 1874—1949. Jubileumsutställning 28 okt.–27 nov. 1949.
  Stockholm: Nationalmusei utställningskatalog, 1949.

Geijer, Agnes: *Ur textilkonstens historia.*
    Lund: Gleerup, (1972) 1980.

af Geijerstam, Gustaf: *Anteckningar rörande fabriksarbetarnes ställning i Marks härad.*
    Skrifter utgivna av Lorénska stiftelsen nr 10, 1895.

af Geijerstam, Gustaf: *Fattigt folk.* W. Bille, Stockholm 1884. Även i *Samlade berättelser.*
    Stockholm: Bonniers, 1914.

af Geijerstam, Gustaf: *Samlade allmogeberättelser.* 2 delar.
    Stockholm: Beijer, 1898–99.

Goliger, Eva: *Tygprovssamlingar. Göteborgs och Bohus län – Älvsborgs län.*
    Borås: Norma, 1984.

Grenander Nyberg, Gertrud: "Hemtextilier under 1800-talet." I *Högsbyboken.*
    Högsby: Högsby kommun, 1969.

Grenander Nyberg, Gertrud: *Lanthemmens prydnadssöm: studier av svenskt folkligt broderi på hemtextilier före 1900.*
    Stockholm: Nordiska museet, 1983.

Hammar, Brita: "Från stubb till täckjacka. Vaddstickade kläder."
    I *Kulturen* 1984, s. 102-118.

Handens arbete förr och nu. Bygger på material framtaget av enskilda författare och studiecirklar i en länskampanj utlyst av Hallands bildningsförbund och dess samarbetsråd i hembygdsfrågor.
    Örkelljunga: Settern, 1990.

Hellspong, Mats: *Land och stad: svenska samhällstyper och livsformer från medeltid till nutid.*
    Lund: Gleerup, (1972) 1976.

Hemkultur. Månadstidskrift för de svenska hemmen 3 (1937):6.
    Stockholm. Red. Magnus Lindberg.

Hemmets handarbetslexikon. Band 10 (Lapp-matt.)
    Malmö: Fogtdal, 1991.

Hemslöjden 1949. Stockholm: Svenska hemslöjdsföreningarnas riksförbund, 1949.

Hemslöjden nr 4 1985 om Emelie von Walterstorff av Gösta Berg.
    Stockholm: Svenska hemslöjdsföreningarnas riksförbund, 1985.

Hemslöjdens handarbeten. Utarbetad på uppdrag av Svenska hemslöjdsföreningarnas riksförbund av Maja Lundbäck, Gertrud Ingers, Mattis Hörlén.
    Stockholm: Lantbruksförbundets tidskriftsaktiebolag, 1944—53.

Husmoderns handarbetsbok. Under medverkan av systrarna Hultgren, Emmy Arborelius... Red. av Kerstin Wenström.
    Stockholm: B. Wahlström, 1927.

Ingers, Gertrud: *Lapptäcken.*
    Stockholm: LT, 1953.

Ingers, Gertrud: *Lapptäcken och annan lapplek.*
    Stockholm: LT, 1977.

Karlin, G. J-n: *Kulturhistoriska museet i Lund 1882–1910.*

Korn, Dan: *Folkkultur*. Tradition och gammaldags liv i socknarna Råda, Landvetter, Hårryda, Björketorp och Bollebygd.
Mölnlycke: D. Korn, 1981.

Korn, Dan: *På böggda*. Levande kulturhistoria i Västergötland.
Mölnlycke: D. Korn, (1985) 1990.

Korn, Dan: *Utdöingsbygd*.
Mölnlycke: D. Korn, 1989.

Kristiansson, Maj-Britt och Marklund, Hans: *Handens arbete – hjärtats tanke*. Strövtåg längs Ångermanlandskusten på jakt efter det handgjorda.
Stockholm: LT, 1978.

Kvinnor som konstnärer. Anna Lena Lindberg och Barbro Werkmäster (red.) Speciellt kapitlet "När Adam plöjde och Eva spann" av Gunilla Englund.
Stockholm: LT, 1975.

Lapptäcken från Kalikå. Åke Cederholm, Lisa Laster, Malin Holmström, Anne Zapel.
Stockholm: Prisma, 1992.

Lundahl, Gunilla: "Matematikens ursprung i bilden." I *Den sköna geometrin*. Urval Eva Persson.
Stockholm: Gidlund i samarbete med riksutställningar, 1985.

Lundberg, Willy Maria och Martin, Edna (red.): *Garn, flit, skönhet*. Gamla och nya broderier, monogram, sömnadstekniker. FIB:s hemböcker 6.
Stockholm: Folket i bild, 1955.

Lundqvist, Maja: *Svensk konsthistorisk bibliografi. Sammanställd ur den tryckta litteraturen till och med år 1950*.
Stockholm: Almqvist & Wiksell, 1967.

Magnus, Olaus: *Historia om de nordiska folken*.
Stockholm: Gidlund, (1909) 1982.

Mattor med ränder och rutor. Svensk hemslöjds mönsterböcker. Speciellt kapitlet "Trasmattans historia" av Jane Fredlund.
Stockholm: LT, 1980.

Nordenfelt, Maria: *Handledning i handarbete*.
Stockholm: Bonniers, 1919.

Nordström, Ludvig: *Lortsverige*.
Sundsvall: Tidsspegeln, 1984.

Nylén, Anna-Maja: *Hemslöjd*. Den svenska hemslöjden fram till 1800-talets slut.
Älvsjö: Skeab (1969), 1981.

Oscarsson, Ulla: *Kvinnomöda och skaparglädje*.Textilhantering i Jämtland och Härjedalen.
Östersund: Jämtlands läns museum, 1982.

Paletten nr 3 1975. Göteborg: Stiftelsen Paletten.

Parker, Freda: *Viktoriansk lappsömnad*.
Stockholm: Bergh, 1992.

Sjöberg, Gertrud: *Svenska allmogemotiv*. Samlade och utgivna av G. Sjöberg och R.
 Ekberg. Arlöv: Skriv- & ritboks.-a.-b. 1925-28. 2 vol.

Sjöqvist, Kerstin, Askmark, Eivor och Beijbom, Anders: *Ingen förspilld kvinnokraft*.
 En bok om våra syföreningar.
 Stockholm: EFC, 1974.

Sjöqvist, Kerstin: *Symaskinen — historiskt och socialt*.
 Stockholm: LT, 1972.

Svennås, Elsie: *Lek med lappar*. Västerås: ICA-förlaget,(1971), 1976.

Svennås, Elsie: *Quilting: applikation — lappteknik*. Grunderna i vaddstickning,
 tillämpningar och variationer, praktiskt och kreativt.
 Västerås: ICA bokförlag, 1978.

Svenska turistföreningens årsbok 1988: Levande textil. Speciellt artikeln "Spinn, spinn,
 dotter min... Om kvinnors textila hemarbete" av Ulla Oscarsson.
 Svenska turistföreningen 1988.

Sylwan, Vivi: "Siden i Kina under Yin-dynastin omkring 1450—122 f. Kr." I *Malmö
 Musei Årsbok* 1935.

Textil tradition: speglad i Dalarnas museums samlingar. Red.: Birgitta Dandanell.
 Utgiven av Dalarnas fornminnes- och hembygdsförbund,
 Dalarnas museum, Falun 1982.

Thorman, Elisabeth: *Studier i svensk textil konst*.
 Stockholm: Norstedts, 1950.

Thorman, Elisabeth: *Textil konst i Sverige före år 1930*.
 Stockholm: Norstedts, 1947.

Tidskrift för hemmet. 14, 1872, s. 197-204.

af Ugglas, C. R.: *Till dateringen av våra medeltida mosaik-och applikationsbroderier*.

Valentin, Elsa: *Med krita, nål och tråd*. Handbok i kvinnlig slöjd.
 Stockholm: Magnus Bergvall, 1925.

Waldén, Louise: *Genom symaskinens nålsöga*. Teknik och social förändring i
 kvinnokultur och manskultur.
 Stockholm: Carlsson, 1990.

Waldén, Louise: "Den tidskrävande onyttighetens betydelse."
 Häften för kritiska studier 1988:2.

Waldén, Louise och Wallgårda, Anna: "Med nålsögat som kikarsikte – teknik,
 kvinnor och arbete." Särtryck ur *Vi mänskor* nr 5/6 1981.

Walker, Michele: *Lapptäcken: komposition och sömnad*.
 Västerås: ICA-förlaget, 1987.

Wallensteen-Jaeger, Rut: *Torparnit och statarslit när seklet var ungt*.
 Stockholm: LT, 1983.

von Walterstorff, Emelie: "Bondens bädd." I *Svenska kulturbilder V: 9—10*.
 Under redaktion av Sigurd Erixon och Sigurd Wallin.
 Stockholm: Skoglund, 1931.

von Walterstorff, Emelie: "Stugans dragning." I *Svenska kulturbilder IV: 7—8.*
    Under redaktion av Sigurd Erixon och Sigurd Wallin.
    Stockholm: Skoglund, 1931.

von Walterstorff, Emelie: *Skaraborgs läns folkliga textilkonst.*
    Utgiven genom Skaraborgs läns hemslöjdsförening, Skövde, 1933.

von Walterstorff, Emelie: *Textilt bildverk.*
    Stockholm: Nordiska museet, 1925.

Widhja, Inger: *Takhimlar och brudhandskar: folklig textiltradition i Västergötland.*
    Skara: Skrifter från Skaraborgs länsmuseum nr 12, 1990.

Winell-Garvén, Irene: *Göra lapptäcken: täcken, kuddar, dynor, väskor, kläder m m.*
    Västerås: ICA-förlaget, 1983.

Ågren, Katarina: "Folkkonsten och hemslöjden." I *Folkkonsten: all tradition är förändring.*
    Stockholm: Carlsson i samarbete med Kulturhuset, 1992.

Åsling-Sundberg, Kerstin: *Att sy av lappar.*
    Uppsala: Medborgarskolan, Bokmalen, 1979.

Åsling, Gudrun och Åsling-Sundberg, Kerstin: *Quilta, vaddsticka.*
    Uppsala: Medborgarskolan, Bokmalen, 1980.

Litteratur på andra språk

Bank, Mirra: *Anonymous was a woman.*
    New York: St. Martin´s Press, 1979.

Bender, Sue: *Plain and simple: a woman's journey to the Amish.*
    San Francisco: Harper & Row, 1989.

Betterton, Shiela: *Quilts and Coverlets from the American Museum in Britain.*
    Bath (1978) 1982.

Betterton, Shiela: *More quilts and coverlets from the American Museum in Britain.*
    Bath 1991.

Bishop, Robert and Safanda, Elizabeth: *A Gallery of Amish Quilts: Design Diversity from a Plain People.*
    New York: E. P. Dutton & Co., Inc., 1976.

Clayhills, *Det store lappeteppet, også ei kvinnohistorie.*
    Oslo: Det Norske Samlaget, 1984.

Estham, Inger: "A newly discovered intarsia and gold leather embroidery" i *Opera textilia variorum temporum.*
    Stockholm: Statens historiska museum, 1988.

Feminism and Art History: Questioning the Litany. Edited by Norma Broude och Mary D. Garrard. Kapitlet "Quilts: The great american art" av Patricia Mainardi.
    New York: Harper & Row, 1982.

Ferrero, Pat: *Hearts and hands: the influence of women & quilts on American society.*
    San Francisco: Quilt Digest Press, 1987.

Finley, Ruth E.: *Old patchwork quilts and the women who made them.*
MacLean, Virginia: EPM Publications, (1929) 1992.

von Gwinner, Schnuppe: *The History of the Patchwork Quilt.*
West Chester, Pennsylvania: Schiffer Publ. Ltd, 1988.

Holstein, Jonathan: *Abstract Design in American Quilts: a biography of an exhibition.*
Louisville, Kentucky: Kentucky Quilt Project, 1991.

Lipsett, Linda Otto: *Remember me. Women & their friendship quilts.*
San Francisco: The Quilt Digest Press, 1985.

McMorris, Penny: *Crazy Quilts.*
New York: E. P. Dutton, Inc., 1984.

Meldrum, Alex: *Irish patchwork.*
Kilkenny: Kilkenny Design Workshops 1979.

Moonen, An: *Quilts, een Nederlandse traditie the Dutch tradition.*
Arnhem, Holland: Nederlands Openluchtmuseum, 1992.

Rikert, Susan Lee: *Swedish Patchwork Quilt Design 1830–1929.* A cross-cultural examination. A thesis in clothing, textiles and merchandising. Submitted to the Graduate Faculty of Texas Technology University in Partial Fulfillment of the Requirements for the Degree of Master of Science in Home Economics.

Rolfe, Margaret: *Patchwork Quilts in Australia.*
London: Batsford, 1988.

Seward, Linda: *Country Quilts.*
London: Mitchell Beazley, 1992.

Sylwan, Vivi: "Silk from the Yin Dynasty." I *Bulletin of the Museum of Far Eastern Antiquities* nr 9.
Stockholm: Östasiatiska museet, 1937.

Folklivsarkiv

Vid arbetet med den här boken har jag besökt följande folklivsarkiv:

Göteborgs dialekt, ortnamns och folkminnesarkiv
Dialekt och folkminnesarkivet i Uppsala (ULMA)
Nordiska museets arkiv, Stockholm
Folklivsarkivet i Lund (LUF)

I Lapptäckshistoriken på sidan 8 f.f. har jag använt följande uppteckningar:

Nordiska museet E.U. 740, Nordiska museet E.U. 47254,
(Berättare: Kapten Olof Olofsson, Kyrkesund), DOFA IFGH 6283, LUF M18456, LUF M 13660, LUF M 18472, LUF M 18463, LUF 151 M 18463, M 18478, LUF 151 M 18471, LUF 151 M 18442, LUF 151 M 18455, LUF A 899, DOFA IFHG 5970, Nordiska museet E U 744, Nordiska museet E U 4269, Nordiska museet E U 744, ULMA 29567 GST (Berättat av Vivi Wendin från Valbo i Gästrikland), LUF M 18494, ULMA 30845, LUF 151 M 18431, LUF M 18432, Nordiska museet EU 4388, Nordiska Museet EU 4269, LUF 151 M 18425 (Man född 1908, Blekinge), LUF M 18484 (Anna Johansson, Gnesta), LUF M 18490, LUF M 18480, LUF M 18439, Nordiska museet E U 747, LUF M 18479:2, LUF M 18460, LUF M 18483, LUF M 18458:7, Nordiska museet EU 3499, LUF M 18484 (Anna Johansson, Gnesta), LUF M 18436, ULMA 29567 (Gästrikland), ULMA 34652, LUF M 18460, LUF M 18449 (Brita Karlsson, V Göinge), LUF M 18444, LUF M 18455, LUF M 18439, LUF M 18490.

I Barbro Ager-Ländins avsnitt Hur man gjorde ett lapptäcke sidan 22 f.f. används följande uppteckningar:

LUF M 18449:2, ULMA 36098, LUF 18429:1-3.

TACK!

Till alla sömmerskor av lapptäcken, till Berta och Alvina och alla ni andra som sytt alla dessa täcken! Jag tror att ni alla i er himmel tittat på medan jag åkt land och rike runt med era täcken. Till alla som jag fått låna lapptäcken av! Utan er vänlighet hade aldrig detta varit möjligt! Jag vill tacka Tjörns Hembygdsförening på Bräcke och Emmaus i Småland särskilt mycket! Dessutom vill jag naturligtvis tacka alla – ingen nämnd och ingen glömd – som har hjälpt mig att förverkliga detta.

Tack till alla mina "assistenter" som stött och hjälpt mig med allt: Barbro Andersson, Lilian Busck-Jönson, Lotta Gravenius, Maj Greger, Margareta Lundquister-Wignall, Anita Molander, Karin Olsson, Lilian Persson, Sonja Rindby och Ann-Mari Westberg.

Tack till alla lapphexorna, som alltid ställt upp på mina mer eller mindre tokiga idéer, och tack till föreningen Rikstäcket. Tack till alla arkiven som hjälpt mig: Göteborgs dialekt, ortnamns och folkminnesarkiv, Göteborgs Stadsarkiv, Dialekt och folkminnesarkivet i Uppsala, Nordiska museets arkiv, Etnologiska Undersökningar, Stockholm, Folklivsarkivet i Lund och Svenska Akademins Ordboks Arkiv i Lund. Tack också till Kvinnohistoriska samlingarna vid Universitetsbiblioteket i Göteborg och till personalen vid Universitetsbiblioteket i Göteborg.

Tack för inspiration och hjälp till Marianne Erikson, Röhsska konstslöjdmuseeet i Göteborg, Anna Borggren, Statens Historiska Museums textilenhet, Christina Lindvall-Nordin och Inger Widhja.

Tack för ett sällsynt gott samarbete med denna bok till den entusiastiska och tålmodiga redaktören Eva-Maria Westberg. Och tack till förlagschefen Lars Hjalmarson för att du trodde på denna bok! Och till den engagerade fotografen Lena Nessle med blick för bild och ord. Och tack för kunskapsdigra och inspirerande artiklar: Barbro Ager-Ländin, Lisbet Ahnoff, Anna Maria Claesson och Eva Hallström.

Och naturligtvis tack till min Håkan utan vars uppoffrande stora intresse allt detta inte varit möjligt, och till våra tålmodiga flickor Karin och Klara som för evigt har blivit allergiska mot lapptäcken. Tack till min mamma som varit en trogen supporter hela livet.

Till minnet av min mormorsmor Helena Johanna Wennberg född Knapp (1868 - 1936), Falun, vars levnadsöde inspirerat mig till detta arbete.

Tack från

Åsa Wettre

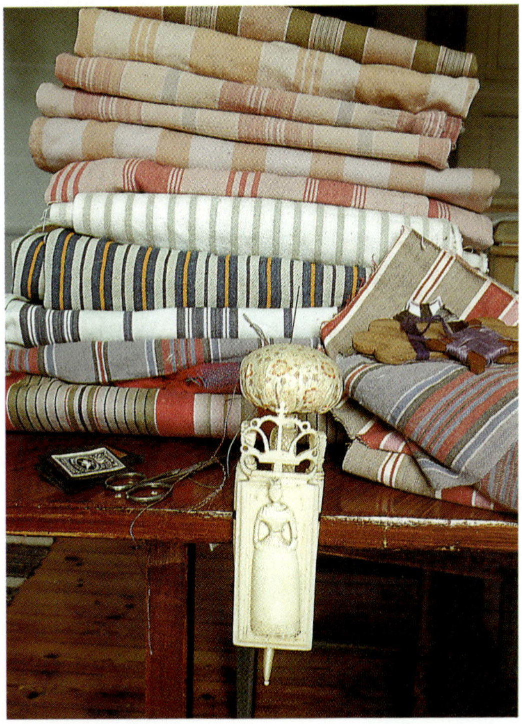